KB234354

정치가, 지도자, CEO 등의 본보기 117가지

좋은 왕 나쁜 왕

– 제감도설(帝鑑圖說) –

장 거 정 편찬
이 동 진 편역

중국 역대 제왕들의 10대 필독서 중 대표적 명저
국내 최초로 번역
人事는 萬事다! 역사는 반복한다! 그 흥망성쇠의 원리를 보라!

좋은 왕 나쁜 왕

- 제감도설(帝鑑圖說) -

장 거 정 편찬

이 동 진 편역

좋은 왕 나쁜 왕

초판 1쇄 | 펴낸날 2008년 1월 15일

편찬 · 장거정 | 편역 · 이동진
펴낸곳 · 해누리기획 | 발행인 · 이동진
편집주간 · 이동진
편집 · 윤나리
디자인 · 조효경
마케팅 · 김진용 · 김승욱
등록 1998년 9월 9일(제16-1732호)
주소 121-251 서울시 마포구 성산1동 239-1번지 성진빌딩 B1
전화 02)335-0414 · 0415 | 0502-569-0588 · 3698
팩스 02)335-0416 | 0502-569-0589
E-mail | sunnyworld@henuri.com

ISBN 978-89-6226-003-8 03900

차 례

제 1 부 좋은 왕 : 현명한 왕들의 아름다운 모범

1. 임현도치 任賢圖治 현명한 인재들을 중용하여 훌륭한 통치를
　　도모하다.
2. 간고방목 諫鼓謗木 간언을 알리는 북과 군주의 잘못을 비판하는
　　글을 붙이는 게시판.
3. 효덕승문 孝德承聞 효성스러운 덕행은 널리 퍼지게 마련이다.
4. 계기구언 揭器求言 악기들을 걸어두고 충언을 구하다.
5. 하거읍죄 下車泣罪 수레에서 내려 죄인들을 위해 울다.
6. 계주방미 戒酒防微 술을 삼가 화근을 미리 자르다.
7. 해망시인 解網施仁 그물을 열어서 자비를 베풀다.
8. 상림도우 桑林禱雨 뽕나무 숲에서 기우제를 바치다.
9. 덕멸상상 德滅祥桑 덕행을 실천하여 요상한 뽕나무를 죽이다.
10. 몽뢰양필 夢賚良弼 군주를 보필할 탁월한 인물을 하늘이
　　꿈속에서 내려주다.

11. 택급고골 澤及枯骨 군주의 은덕이 낡은 해골에까지 미치다.

12. 단서수계 丹書受戒 단서로부터 경고하는 가르침을 받다.

13. 감간근정 感諫勤政 왕비의 간언을 듣고 깨달아 정무를 열심히
　　　　　　　　　돌보다.

14. 입관약법 入關約法 함곡관에 들어간 다음 약법삼장을 선포하다.

15. 임용삼걸 任用三傑 탁월한 인재 세 명을 잘 활용하다.

16. 과로사성 過魯祀聖 노나라를 지나갈 때 공자의 묘 앞에서 제사를
　　　　　　　　　지내다.

17. 각천리마 却千里馬 천리마도 선물로 받지 않다.

18. 지연수언 止輦受言 수레를 멈추고 간언과 충언을 들어주다.

19. 납간사금 納諫賜金 간언을 받아들이고 하사금을 주다.

20. 불용이구 不用利口 말재주만 좋은 자는 중용하지 않는다.

21. 노대석비 露臺惜費 누각의 신축비용을 아깝게 여기다.

22. 견행사상 遣幸謝相 총신을 승상에게 보내서 직접 사죄토록 하다.

23. 굴존노장 屈尊勞將 존귀한 지위를 굽히고 장수를 위로하다.

24. 포륜정현 蒲輪征賢 부들로 수레바퀴를 싸고 현자를 모셔오다.

25. 명변사서 明辨詐書 허위로 모함하는 상소문을 명백하게
　　　　　　　　　　가려내다.

26. 포장수령 褒奬守令 지방행정 책임자들을 포상하고 장려하다.

27. 조유강경 詔儒講經 유학자들에게 오경을 연구 검토하여 정본을
　　　　　　　　　　마련하게 하다.

28. 즙함정직 葺檻旌直 난간에 매달린 채 강직하게 충언하다.

29. 빈례고인 賓禮故人 손님을 모시는 예의를 갖추어서 옛 친구를
　　　　　　　　　　초빙하다.

30. 거관사포 拒關賜布 관문을 닫고 열어주지 않은 관리에게 비단을
　　　　　　　　　　하사하다.

31. 야분강경 夜分講經 밤늦게까지 경서를 논의하다.

32. 상강항령 賞强項令 목이 뻣뻣한 낙양 시장을 포상하다.

33. 임옹배로 臨雍拜老 태학을 방문하여 원로에게 존경의 뜻을
표하는 예식을 거행하다.

34. 애석낭관 愛惜郎官 낭관의 지위를 아끼어서 허락하지 않다.

35. 군신어수 君臣魚水 군주와 신하의 관계는 물과 물고기의 관계와
같다.

36. 분구시검 焚裘示儉 모피 옷을 불태워 검소함을 보이다.

37. 유납계사 留衲戒奢 누더기 옷을 보존하여 사치를 경계하도록
하다.

38. 홍문개관 弘文開館 홍문전 옆에 홍문관을 설치하다.

39. 상서첨벽 上書粘壁 건의문을 벽에 붙여두고 수시로 읽어보다.

40. 납잠사백 納箴賜帛 경계해야만 할 사항들에 관한 글을
받아들이고 비단을 하사하다.

41. 종작훼소 縱鵲毁巢 까치들을 쫓아버리고 까치집을 헐다.

42. 경현회요 敬賢懷鷂 현명한 신하를 존경하여 새매를 품속에
　　　　　　　　　　　감추다.

43. 남도금장 覽圖禁杖 의학 서적을 읽은 뒤 척추에 대한 매질을
　　　　　　　　　　　금지하다.

44. 주명신직 主明臣直 군주가 현명하면 신하는 강직하다.

45. 종수귀옥 縱囚歸獄 풀려난 사형수들이 자진해서 감옥에
　　　　　　　　　　　돌아오다.

46. 망릉훼관 望陵毁觀 소릉을 바라보고 나서 누대를 철거하다.

47. 철전영거 撤殿營居 궁궐의 전각 신축을 취소하여 신하의 집을
　　　　　　　　　　　지어주다.

48. 면척영신 面斥佞臣 아첨하는 신하를 정면으로 배척하다.

49. 전수화약 剪須和藥 수염을 잘라서 약을 조제하여 하사하다.

50. 우물교저 遇物敎儲 일이 있을 때마다 태자를 가르치다.

51. 견귀방사 遣歸方士 엉터리 술사를 돌려보내다.

52. 분금쇄금 焚錦鎖金 비단을 불태우고 금과 은을 철거하다.

53. 위임현상 委任賢相 현명한 재상에게 모든 정무를 위임하다.

54. 형제우애 兄弟友愛 형제 사이에 우애가 극진하다.

55. 소시현령 召試縣令 현령들을 불러 모아 어전에서 시험을 보게
하다.

56. 청간산조 聽諫散鳥 건의를 받아들여 새들을 야산으로
돌려보내다.

57. 담병석복 啖餠惜福 빵을 먹고 복을 아끼다.

58. 소리연구 燒梨聯句 구운 배를 하사하고 시의 구절들을 지어서
바치다.

59. 불수공헌 不受貢獻 어느 누구의 진상도 받아들이지 않다.

60. 견사진휼 遣使賑恤 사절들을 파견하여 기근에 시달리는 백성을
구제하다.

61. 연영망권 延英忘倦 연영전에서 정무를 논의하며 피로를 잊어버리다.

62. 회채성공 准蔡成功 회서의 채주를 평정한 공로는 현명한 결단의
　　　　　　　　　　　결과다.

63. 논자지간 論字知諫 붓글씨를 논하는 신하가 간언한다는 사실을
　　　　　　　　　　　깨닫다.

64. 병서정요 屛書政要 금경서와 정관정요의 내용을 병풍에 적어
　　　　　　　　　　　언제나 읽었다.

65. 분향독소 焚香讀疏 향을 피운 뒤에 건의문을 읽어보다.

66. 경수모교 敬受母教 어머니의 가르침을 삼가 받아들이다.

67. 해구사장 解裘賜將 모피 옷을 벗어서 장수에게 하사하다.

68. 쇄칠보기 碎七寶器 칠보로 장식된 식기를 부수어버리다.

69. 수언서병 受言書屛 가르침을 받아들여 병풍에 기록하다.

70. 계주의취 戒主衣翠 공주가 물총새 깃털 옷을 입은 것을 꾸짖다.

71. 경일관서 竟日觀書 하루 종일 독서를 하다.

72. 인의용직 引衣容直 군주의 옷자락을 잡아끄는 강직한 신하의
　　　　　　　　　　　말을 받아들이다.

73. 개용청강 改容聽講 자세를 바로잡은 뒤에 강의를 계속해서 듣다.

74. 수무일도 受無逸圖 무일도라는 그림을 받다.

75. 불희주식 不喜珠飾 진주로 머리를 장식하는 것을 좋아하지 않다.

76. 납간견녀 納諫遣女 간언을 받아들여 여자들을 돌려보내다.

77. 천장소견 天章召見 천장각에서 모든 관리들의 의견을 직접 듣다.

78. 야지소양 夜止燒羊 밤에 양고기를 굽는 일을 하지 못하게 막다.

79. 후원관맥 後苑觀麥 궁정 뒷마당에서 밀농사를 관람하다.

80. 진념유민 軫念流民 유민들의 참상을 천자가 가슴 아파하다.

81. 촉송사신 燭送詞臣 가마를 내주고 등불을 밝혀 신하를 돌려보내다.

제 2 부 나쁜 왕 : 미치고 어리석은 왕들의 추태

1. 유전실위 游畋失位 사냥에 빠져서 놀다가 천자의 지위를 잃다.

2. 포림주지 脯林酒池 육포로 수풀을 만들고 술로 연못을 만들다.

3. 혁낭사천 革囊射天 가죽 주머니를 피로 채우고 화살을 쏘면서
   그것을 사천이라고 불렀다.

4. 달기해정 妲己害政 미녀 달기가 나라를 망치다.

5. 팔준순유 八駿巡游 준마 여덟 필의 마차로 멀리 순회하다.

6. 희거봉화 戱擧烽火 장난으로 봉화를 올리다.

7. 견사구선 遣使求仙 신선들의 장생 불사약을 구하러 사절을
   파견하다.

8. 갱유분서 坑儒焚書 유학자들을 구덩이에 생매장하고 책을 불태우다.

9. 대영궁실 大營宮室 거창한 규모의 궁궐을 신축하다.

10. 여무출입 女巫出入 여자 무당들이 궁중을 멋대로 출입하다.

11. 오후천권 五侯擅權 다섯 제후가 대권을 농락하다.

12. 시리미행 市裏微行 사복 차림으로 시내를 돌아다니다.

13. 총닐비연 寵昵飛燕 한나라 성제가 조비연을 매우 총애하다.

14. 폐녕살현 嬖佞殺賢 간사한 소인을 총애하고 충신을 죽이다.

15. 십시난정 十侍亂政 열 명의 환관이 정치질서를 무너뜨리다.

16. 서저육작 西邸鬻爵 궁궐 서쪽 정원의 저택에서 관직을 팔다.

17. 열사후궁 列肆後宮 후궁에 각종 상점을 짓게 하다.

18. 방림영건 芳林營建 궁궐 안 방림원에 흙으로 산을 만들다.

19. 양거유연 羊車游宴 양들이 끄는 수레를 타고 가서 주연을 즐기다.

20. 소조검덕 笑祖儉德 선조의 검소한 덕행을 조롱하다.

21. 금련포지 金蓮布地 황금으로 만든 연꽃들을 땅에 깔다.

22. 사신불사 捨身佛寺 승복을 입고 절에 몸을 의탁하다.

23. 종주망살 縱酒妄殺 술에 취한 뒤에 사람을 마구 죽이다.

24. 화림종일 華林縱逸 화림원에서 방종과 쾌락에 빠지다.

25. 옥수신성 玉樹新聲 옥수후정화 등의 새로운 곡조를 지어 노래
    부르다.

26. 전채위화 剪彩爲花 비단을 잘라서 꽃을 만들었다.

27. 유행강도 游行江都 배를 타고 강도에 놀러가다.

28. 사봉제관 斜封除官 관직을 팔고 충직한 관리들을 죽이다.

29. 관등시리 觀燈市裏 변장을 하고 시가지에서 등불 행렬을
구경하다.

30. 총행번장 寵幸番將 변방의 오랑캐 출신 장수를 총애하다.

31. 염재치비 斂財侈費 백성들의 재물을 착취하여 사치를 부리다.

32. 편전격구 便殿擊毬 내전에서 환관들과 함께 공놀이 격구를
즐기다.

33. 총신영인 寵信伶人 배우들을 총애하고 그들의 말을 믿다.

34. 상청도회 上淸道會 궁중에 도교의 상청궁을 설치하고 법회를
열다.

35. 응봉화석 應奉花石 진기한 암석들을 모아 바치다.

36. 임용육적 任用六賊 여섯 명의 간신들을 중용하다.

제 1 부 좋은 왕

현명한 왕들의 아름다운 모범

1. 임현도치 任賢圖治

현명한 인재들을 중용하여 훌륭한 통치를 도모하다.

하(夏)나라의 요(堯)임금은 항상 이렇게 말했다.

"백성 한 사람이 굶주리면 그것은 내가 그를 굶주리게 만든 것입니다. 백성 한 사람이 추위에 떨면 그것은 내가 그를 떨게 만든 것입니다. 백성 한 사람이 범죄를 저지르면 그것은 내가 그를 범인으로 만든 것입니다."

그러한 통치이념에 입각하여 그는 유능하고 현명한 인물들을 적재적소에 임명하여 나라를 잘 다스리려고 노력했다. 그래서 희중(羲仲), 희숙(羲叔) 등 희씨 형제와 화중(和仲), 화숙(和叔) 등 화씨 형제를 중용한 뒤 그들에게 각각 임무를 맡겼다.

희중은 동쪽의 우이(嵎夷) 땅에 거주하면서 봄철의 농사일을 관장했고, 희숙은 남쪽 교지(交趾) 땅에 거주하면서 여름철의 곡식의 성장변화를 관장했다. 화중은 서쪽의 매곡(昧谷) 땅에 거주하면서 가을의 추수 업무를 담당했고, 화숙은 북쪽의 유도(幽都) 땅에 거주하면서 곡식창고 관리와 기후변화의 관찰 업무를 수행했다.

요임금은 또한 전국을 순회하면서 관리들을 감독, 격려하는 한편 그들이 유능하고 현명한 인재들을 추천하도록 했다. 그는 자기 아들 단주(丹朱)가 재능과 덕행이 모자라서 자신의 후계자로는 적절치 않다고 판단했던 것이다.

　사방의 관리들은 재덕을 겸비한 인물로 덕망이 자자하던 순(舜)을 추천했다. 요임금은 순을 3년 동안 관찰하고 20년 동안 각종 임무를 맡겨 본 다음에 자신의 후계자로 임명했다.

　요임금의 이름은 방훈(放勳)이다. 요는 숭고하다는 뜻이고 방훈은 위대한 공적이라는 뜻이다. 전설에 따르면 그는 72년 동안 나라를 다스렸고 198세까지 살았다고 한다.

　인사(人事)는 만사(萬事)다. 아니, 인사는 바로 역사 자체인 것이다. 유능하고 현명한 인재가 중용되는 나라는 흥성하지만, 간사하고 아첨하며 무능한 자들이 판치는 나라는 망하게 마련이다. 요임금은 만고불변의 이 원리를 꿰뚫어 본 것이다.

2. 간고방목 諫鼓謗木
간언을 알리는 북과 군주의 잘못을
비판하는 글을 붙이는 게시판.

하나라의 요임금은 자기를 낮추고
남의 의견을 듣기를 좋아했다.
또한 나라 일을 처리하는 데
있어서 잘못된 점이 없는지 항
상 염려했다.
동시에 그는 신분과 지위의
격차 때문에 일반백성들이 감히
자기에게 직접 말하기를 두려워한
다는 사실도 잘 알았다.

하나라 요임금

그는 간언을 전달하는 북을 궁궐 문 앞에 설치하도록 했다.
그래서 백성들은 누구든지 그 북을 두드린 다음, 요임금에게 직
접 간언이나 직언을 할 수 있었다.
이 북을 고사성어로 **간언지고(諫言之鼓)**라고 한다.

　그는 또한 군주의 잘못을 비판하는 글을 붙이는 게시판을 궁궐 문 앞에 세우도록 했다. 그래서 백성들은 누구든지 군주와 관리들의 잘못을 비판할 수 있었다.
　이 게시판을 고사성어로 비방지목(誹謗之木)이라고 한다.

　이 두 가지는 백성들에게 언론의 길을 열어주었다는 의미가 있다. 동시에 관리들에게 업무를 공정하게 처리하라고 경고하는 의미도 있는 것이다. 더 넓게 본다면 통치자가 민정을 직접 파악하고 민심을 획득하는 수단인 것이다.

3. 효덕승문 孝德承聞

효성스러운 덕행은 널리 퍼지게 마련이다.

하나라 순임금

하나라의 순(舜)은 화하인(華夏人)의 조상인 황제(黃帝)의 8대 손자라고 하는데 그의 집안은 그가 태어나기 이전에 이미 평민이 되어 있었다. 그의 어머니는 그가 매우 어렸을 때 죽었다.

그의 아버지 고수는 소경이었는데 아내가 죽은 뒤 후처를 맞이하여 아들 상(象)을 낳았다. 순의 아버지는 완고한 사람이었고 계모는 악독했으며 그의 이복동생 상은 오만하고 무도했다.

그들은 순을 죽이려고 항상 시도했는데 순은 그러한 의도를 알고는 달아나서 화를 면하고는 했다. 그러나 순은 부모를 원망하지 않고 극진한 효성으로 부모를 모셨다. 그리하여 결국은 부모가 감동하여 온가족이 화목하게 되었다.

당시에 요임금은 현명하고 덕망이 높은 인물을 구해서 자신의 지위를 넘겨주려고 했다. 모든 신하가 이구동성으로 순을 추

천했다. 당시에 순은
유우씨(有虞氏) 마을
의 지도자였다. 요임
금은 순의 이야기를
자세히 들은 뒤 자신
의 두 딸을 순에게 주
었고, 순은 덕성으로
두 아내를 거느렸으
며 그의 아내들은 현
모양처의 모범이 되
었다.

순임금은 61년 동
안 나라를 다스렸고
남쪽 지방을 순회하던 도중에 111세에 죽었다고 한다.

어느 분야, 어느 조직을 막론하고 지도자라면 반드시 명심해
야만 하는 고사성어가 있다.

그것은 바로 가화만사성(家和萬事成, 집안이 화목해야 만사가
순조롭다)과 수신제가 치국평천하(修身齊家 治國平天下, 자기
수양을 하고 자기 집안을 잘 다스리며 자기 나라를 잘 다스린
뒤에야 천하를 평정할 수 있다)이다. 순임금은 이러한 고사성어
가 생기기 이전에 이미 몸소 실천한 인물이었다.

4. 게기구언 揭器求言
악기들을 걸어두고 충언을 구하다.

　하나라의 우(禹)임금은 하후씨(夏后氏) 마을의 지도자였다. 그의 아버지는 홍수 방지 사업에 9년 동안 종사했지만 성공하지 못했기 때문에 처형당했다. 그 사업을 이어받은 우는 13년 동안 일에 몰두하여 드디어 성공했다. 세 번이나 자기 집 앞을 지나가면서도 한 번도 집에 들어가지 않을 정도였다.

　하우(夏禹) 또는 대우(大禹)라고도 불리는 그는 순임금의 지위를 선양받은 뒤 전국을 아홉 주(州)로 나누었다.

　또한 구정(九鼎)이라고 하는 구리 솥을 만들었는데 이것은 전국의 통일을 상징하는 것이었다.

　그는 종, 북, 경쇠, 쇠 방울, 작은 북 등 다섯 종류의 악기를 궁궐의 문 앞에 걸어둔 채 전국의 선비들이 그것을 두드린 다음에 좋은 의견을 자기에게 제시해주기를 기다렸다.

　그래서 그는 이렇게 말했다.

　"나에게 사물의 이치를 가르치고 인도해 줄 사람은 북을 두드려 주시오. 일을 어떻게 처리하는 것이 제일 좋을지 나에게 알려줄 사람은 종을 치시오. 일의 구체적인 사정을 나에게 알려줄 사람은 쇠 방울을 흔드시오. 자신의 근심걱정을 나에게 호소하고 싶은 사람은 경쇠를 두드리시오. 관리들의 조치에 대해 시

비를 따지고 싶은 사람은 작은 북을 두드리시오."

그는 한 끼 식사를 할 때마다 열 번이나 일어나고 목욕을 한 번 할 때마다 세 번이나 중단할 정도로 자기를 찾아오는 사람을 언제든지 만나주었다.

요임금의 간언지고(諫言之鼓)와 비방지목(誹謗之木)의 전통을 이어받아 민심을 얻으려고 한 것이다. 다른 각도에서 본다면, 나라를 제대로 잘 다스리기 위해서는 유능한 인재, 현명한 인물들이 그만큼 절실히 필요했다는 의미가 된다.

5. 하거읍죄 下車泣罪
수레에서 내려 죄인들을 위해 울다.

하나라의 우임금은 지방을 순시하던 도중에 범죄인이 잡혀서 끌려가는 모습을 보고는 자기 수레에서 내려 그가 왜 범죄를 저질렀는지 사연을 들었다. 그런 다음 자기도 모르게 눈물을 흘리며 울었다.

좌우의 신하들이 놀라서 물었다.

"저 범인은 법을 어겨서 잡혀가는 것이며 처벌을 받아 마땅합니다. 그런데 폐하께서는 무엇 때문에 슬퍼하시는 것입니까?"

우임금은 이렇게 대답했다.

"요임금과 순임금이 나라를 다스릴 때에는 모든 백성이 요순의 덕의 감화를 받아 요순과 똑같은 마음으로 법을 잘 지켰습니다. 그러나 내가 군주로 재위하고 있는 오늘날에는 모든 백성이 나의 덕의 감화를 별로 받지 않고 각자 자기 마음대로 행동하고 있습니다.

이것은 나의 덕행이 요순의 덕행보다 훨씬 못하다는 것을 말해주는 것입니다. 그래서 나는 슬프게 우는 것입니다."

법이 모든 것을 해결한다고 믿는 것처럼 어리석은 짓은 없다. 사회질서를 유지해주는 것은 법보다 우선하는 인간의 양심인 것이다.

백성의 교화는 뒤로 밀어둔 채 범법자들만 가혹하게 처벌하고 죽이는 것은 솔수식인(率獸食人, 야수들을 몰아서 사람들을 잡아먹게 하는 짓)이라고 맹자는 말했다.

자기 자신도 지키지 않는 법을 만들어내는 자들은 솔수식인보다 더 악독한 짓을 하고 있다. 우임금은 포악한 군주들과 위정자들의 출현을 이미 예견하고 슬퍼서 울었을 것이다.

6. 계주방미 戒酒防微
술을 삼가 화근을 미리 자르다.

하나라 우임금

하나라의 우임금이 나라를 다스리고 있을 때 의적(儀狄)이라고 하는 사람이 맛이 가장 좋은 술을 담그는 기술로 명성을 떨쳤다.

어느 날 우임금이 그가 담근 술을 맛보았는데 소문에 듣던 바와 같이 참으로 기가 막히게 맛있는 술이었다.
그러나 그 후 우임금은 의적을 멀리하고 만나주지 않았을 뿐만 아니라 술도 다시는 입에 대지 않았다.
그리고 이렇게 말했다.
"좋은 술에 미혹되어 나라를 망치는 군주들이 후세에 반드시 나타날 것입니다."

　그의 선견지명은 후세의 역사가 수없이 되풀이해서 증명해 주었다. 중국의 역사뿐만 아니라 동서고금을 막론하고 모든 나라의 역사가 이것을 증명해 준 것이다. 그러나 주색에 빠져서 파멸한 자들이 어찌 군주들뿐이겠는가?

7. 해망시인 解網施仁
그물을 열어서 자비를 베풀다.

하나라의 마지막 왕이자 희대의 폭군인 걸(桀) 임금은 은(殷)
나라의 탕(湯)임금에게 타도되었다. 은나라는 상(商)나라라고도
한다. 그래서 탕임금 자리(子履)를 성탕(成湯) 또는 상탕(商湯)
이라고 부른다.

탕임금이 어느 날 야외에 나갔을 때 사면을 그물로 막고 새를
잡는 사람을 보았다. 사면에 그물을 친 그 사람은 이렇게 축원
했다.

"천하 사방의 모든 새가 모조리 나의 그물에 걸려들기를 바
랍니다!"

그 말을 들은 탕임금이 탄식하면서 이렇게 말했다.

"아! 새를 단 한 마리도 놓치지 않고 모조리 잡겠다는 것은
너무 심하구나!"

그러고는 하인들을 보내 그물의 세 방향을 열어놓게 한 다음,
새를 잡는 사람 대신에 이렇게 축원의 말을 했다.

"하늘의 새들이 왼쪽으로 날아가고 싶다면 왼쪽으로 날아가
라. 오른쪽으로 날아가겠다면 오른쪽으로 날아가라. 위로 날고
싶으면 위로 날고 아래로 날고 싶으면 아래로 날아라. 나의 이
러한 권고를 듣고 싶지 않은 새가 있다면 이 그물에 걸려라."

　　탕임금의 이야기를 전해들은 한수(漢水) 이남의 제후들은 이렇게 말했다.

　　"탕임금의 덕행은 참으로 지극한 것이구나! 그가 새와 짐승들에게조차 자비를 베풀었으니 사람들에 대해서는 더 말할 나위가 없지 않겠는가!"

　　그래서 36개국의 제후들이 동시에 탕임금에게 귀순했다.

8. 상림도우 桑林禱雨
뽕나무 숲에서 기우제를 바치다

하나라 요임금

은나라의 탕임금 시절에 오랫동안 가뭄이 들었다. 태사(太史)가 점을 쳐본 다음에 이렇게 말했다.

"한 사람을 죽여서 제물로 바치는 기우제를 지내셔야만 합니다."

탕임금은 이렇게 대꾸했다.

"내가 기우제를 바치는 목적은 백성들을 구해주려는 것입니다.

그런데 사람을 한 명 반드시 죽여야만 한다면 차라리 내가 제물이 되어 신들에게 비를 빌겠습니다."

그는 목욕재계하고 머리카락과 손톱을 깎았으며, 띠로 만든 옷을 걸친 채 백마가 끄는 소박한 마차를 타고 스스로 제물이 되어 뽕나무 숲이 있는 들로 나가서 기우제를 바쳤다.

그는 여섯 가지 분야에서 자신의 잘못이 없었는지 자책하는

말을 하기 시작했다.

"오랜 가뭄의 원인은 법률이 부당하거나 행정관리가 부실했기 때문입니까? 궁궐이 너무 높고 화려하기 때문입니까? 후궁과 비빈이 너무 많고 제가 주색에 빠졌기 때문입니까?

법의 집행이 허술해서 탐관오리들이 뇌물을 공공연하게 받았기 때문입니까? 제가 사람을 잘못 써서 소인배와 간신들이 날뛰기 때문입니까?"

탕임금의 말이 끝나기도 전에 수 천리에 걸쳐서 장대같은 비가 쏟아지기 시작했다.

자기 자신을 반성하는 그의 겸손한 태도와 백성을 사랑하는 그의 지극한 정성에 하늘도 감동한 것이다.

9. 덕멸상상 德滅祥桑

  덕행을 실천하여 요상한 뽕나무를 죽이다.

  은나라의 9대 임금인 중종 태술(中宗 太戌)은 제태술(帝太戌), 대술(大戌), 천술(天戌) 등으로도 불린다. 그는 형 옹기(雍己)의 뒤를 이었는데 은나라는 이미 옹기의 시대 때부터 쇠락하여 제후들이 임금을 따르지 않았다.

  태술이 나라를 다스릴 때, 궁중 마당에 이상하게 생긴 뽕나무와 곡수(谷樹)가 매우 가까운 거리에서 자라고 있었는데, 하룻밤 사이에 나뭇가지들이 자라서 서로 붙어 버렸다. 그것을 본 태술은 매우 두려워하여 현명한 신하 이척(伊陟)에게 까닭을 물었다.

  이척은 이렇게 대답했다.

  "요상한 것은 덕행을 이길 수 없다는 말이 있습니다. 사악한 것을 억누르지 않으면 저렇게 요상한 나무가 갑자기 나타납니다. 혹시라도 폐하께서 나라를 다스리시는 데 있어서 덕행의 부족함이 있는 것은 아니신지요?"

  그 후 태술은 선왕들의 덕치를 배우기 시작했다.

노인들을 존중하고 잘 보살피는 정책을 실시했다. 날마다 일찍 일어나고 늦게 자면서 정무를 열심히 처리했고 백성들의 어려움과 고통에 대해 각별한 관심을 기울이고 위로했다.

사흘 뒤 뽕나무가 말라 죽었다.

태술은 덕치를 계속했고 삼 년이 지나자 76개국의 제후가 귀순하여 은나라는 중흥의 길을 걷게 되었다.

10. 몽뢰양필 夢賚良弼
군주를 보필할 탁월한 인물을
　　　　하늘이 꿈속에서 내려주다.

은나라 고종

은(殷)나라의 고종(高宗)인 무
정(武丁)은 즉위한 뒤에 일체
입을 다문 채 나라의 백년대
계만 곰곰이 생각하고 있었
다. 그러던 어느 날 밤, 앞으
로 자기를 보필할 탁월한 인
재를 꿈속에서 보게 되었다.
꿈에서 깨어난 무정은 기억을
더듬어서 꿈속에서 본 그 사람의
모습을 그림으로 그리게 한 다음에 전
국적으로 그를 찾게 하였다. 그 인물은 부암(傅岩) 들판에서 돌
담을 쌓고 있던 노예 부열(傅說)이었다.

은나라 부열

무정은 부열을 불러 재상으로 임명하면서 이렇게 말했다.

"아침저녁으로 나의 곁에 머물러 충언을 해주고 지도해 주십시오. 내가 정무에 힘쓰고 덕치를 베풀도록 도와주십시오. 내가 지혜를 깨닫고 내 마음이 지혜로 가득 차게 되도록 해 주십시오."

노예의 신분에서 일약 재상의 지위에 오른 부열은 모든 관리
들을 잘 통솔하여 은 왕조 중흥의 대업을 달성했다.

그러나 부열을 발탁해서 중용한 무정은 한층 더 탁월한 인물
이었다. 왜냐하면 무정은 신분을 무시한 채 오로지 능력 본위로
인물을 발탁하여 쓸 줄 아는 혜안을 가지고 있었기 때문이다.

11. 택급고골 澤及枯骨
군주의 은덕이 낡은 해골에까지 미치다

주나라 문왕

주(周)나라의 기초를 다진 희창(姬昌)은 은나라 마지막 왕 주(紂)임금 때 서부지방을 총괄하던 서백(西伯)이었기 때문에 서백창(西伯昌), 백창(伯昌), 주백창(周伯昌) 등으로 불리며, 사후에 문왕(文王)이라는 시호를 받았다.

그가 서백(西伯)으로 있을 때, 어느 날 인공호수인 영소(靈沼)를 파는 공사현장을 순찰하다가 그곳에서 발굴된 낡은 해골을 보고는 그것을 잘 매장해 주라고 지시했다.

관리가 이렇게 말했다.

"저것은 이미 오래 전에 죽은 자의 낡은 해골입니다. 주인이 없는 무주물입니다."

그 말에 서백은 이렇게 대꾸했다.

"천자는 천하를 소유하므로 천하의 주인이오. 제후는 한 나

라를 소유하므로 한 나라의 주인이오. 그리고 이곳에 있는 저 해골의 주인은 바로 내가 아니겠소? 파묻히지도 못한 채 노출되어 있는 저 해골의 모습은 내가 차마 볼 수 없으니 묻어주시오."

관리는 그 해골을 정중하게 매장해 주었다. 온 세상 사람들이 그 이야기를 듣고는 이렇게 말했다.

"서백의 은덕은 낡은 해골에까지 미칩니다. 그러하니 살아 있는 사람들에 대해서는 말할 필요가 어디 있겠습니까?"

얼마 후 30개국의 제후가 그에게 귀순했다. 그리하여 그는 전국의 3분의 2를 지배하는 통치자가 되었다.

12. 단서수계 丹書受戒
단서로부터 경고하는 가르침을 받다.

주나라 무왕

주나라의 문왕은 죽기 직전에 아들들에게 세 가지를 유언으로 남겼다.

"선정(善政)을 베푸는 데 게으르지 마라. 좋은 시기가 닥치면 과감하게 결단을 내리고 의심하지 마라. 자신의 잘못은 고집하지 말고 버려라. 이 세 가지는 반드시 지켜야 할 최고 원리다."

문왕의 뒤를 이은 것은 둘째 아들 희발(姬發), 즉 무왕(武王)인데 그는 여러 해 준비를 거쳐 기원전 1027년에 은나라의 폭군 주(紂)임금을 타도하고 주 왕조를 세웠다.

무왕은 즉위한 지 사흘이 되던 날 늙은 대신이자 자신의 스승인 강상(姜尙)을 불러서 물었다.

"보존하기에 간편하고 실천하기 쉬우며 자손에게 영구히 물려줄 좋은 가르침이 있습니까?"

강상이 이렇게 대답했다.

"그러한 것은 단서에 기록되어 있습니다. 폐하께서는 우선 목욕재계를 하신 다음에 그 가르침을 들으시는 것이 좋겠습니다."

강상 (강태공, 제나라 시조)

무왕은 사흘 동안 목욕재계를 했다. 군주의 정장을 한 그는 계단에서 내려가 남쪽이 아니라 동쪽을 향해 선 채 서쪽에 선 강상이 낭독하는 단서의 구절에 귀를 기울였다.

"태만함을 버리고 정무에 힘쓰며 하늘을 공경하는 자는 흥하는 반면, 하늘을 공경하지 않고 자기 직분을 태만하게 하는 자는 망한다. 사리사욕보다 공익을 앞세우는 자는 사업에 성공하고 공익보다 사리사욕을 앞세우는 자는 사업에 실패한다."

무왕은 그 구절을 즉석에서 받아 적었고 그것을 침대, 탁자, 거울, 술잔, 무기 등 눈에 띠는 모든 것에 새기도록 했다.

그 구절은 대대로 이어질 좌우명이 된 것이다.

13. 감간근정 感諫勤政
왕비의 간언을 듣고 깨달아 정무를 열심히 돌보다.

주나라의 잔인한 전제군주 여왕(厲王)이 군중의 폭동의 와중에 지방으로 달아나 14년 뒤에 죽었다.

그의 아들 희정(姬靜)이 주공단(周公旦)과 소공석(召公奭)의 도움으로 등극하여 선왕(宣王, 재위 828-782 B.C.)이 되었다.

선왕의 왕비 강씨는 미모와 현명함과 덕성을 겸비했다. 선왕은 한때 주색에 빠져서 일찍 자고 늦게 일어났으며 조정에 나아가지도 않았다. 그러자 왕비는 선왕이 정무를 소홀히 할까 염려하여 간언을 하기로 결심했다. 그래서 머리의 비녀를 뽑고 궁중의 길바닥에 앉은 채 보모를 시켜서 선왕에게 자신의 말을 전달하도록 했다.

"저는 덕성이 부족하여 예복을 입은 채 군왕을 대할 수 없고 폐하께서 여색과 안일에 빠져 정무를 소홀히 하도록 하였습니다. 이 모든 것은 제가 지은 죄의 결과이므로 저를 처벌해 주십시오."

그 말을 전해들은 선왕은 깨닫는 바 있어 이렇게 대꾸했다.

"이것은 내가 태만하여 저지른 잘못입니다. 왕비에게는 아무런 책임이 없습니다."

그 후 선왕은 스스로 분발하여 정무를 더욱 열심히 보살폈으며 날마다 일찍 일어나고 늦게 잤다. 그리고 문왕과 무왕의 유풍을 이어받고 주 왕조의 재건에 진력했다.

후세 사람들은 그를 주나라 왕조를 중흥시킨 현군이라고 칭송했다.

14. 입관약법 入關約法
함곡관에 들어간 다음 약법삼장을 선포하다.

한나라 고조(유방)

한(漢)나라의 고조(高祖)인 유방(劉邦, 259-195 B.C)은 패공(沛公)이던 시절, 즉 기원전 206년에 10만 군대를 이끌고 함곡관(咸谷關)에 진입하여 진(秦)나라의 수도 함양(咸陽)을 점령했다. 그러나 당시 초패왕(楚覇王) 항우(項羽)도 40만 대군을 이끌고 함양을 향해 진격 중이었기 때문에 유방은 불리한 위치에 있었다.

원래 주색을 즐기는 평민 건달에서 출발한 그는 호화로운 궁중에 머물고 싶어 했지만, 민심을 장악하는 것이 급선무라고 하는 번쾌(樊噲)와 장량(張良)의 충언을 받아들여 함양을 떠나 패상(覇上)에서 진을 쳤다.

그리고 함양 일대의 모든 원로와 호걸들을 불러 모은 뒤 이렇게 말했다.

"원로 여러분! 우리는 진나라의 가혹한 법률 아래 참으로 오랫동안 시달렸습니다. 조정을 비방하는 자는 멸족을 당하고 길에서 두 명 이상이 모여 잡담을 하면 참수당한 것이 진나라의 법이었습니다. 이제 내가 관중의 왕이 된 오늘, 나는 법을 세 가지만 정하겠습니다.

살인자는 사형에 처한다. 남을 상해한 자와 도둑질을 한 자는 법에 따라 처벌한다. 이 세 가지 이외의 가혹한 진나라 법은 모두 폐지합니다."

그는 진나라 관리들과 함께 자기 부하들을 각지에 파견하여 약법삼장을 널리 알리게 했다. 함양 주변인 관중(關中) 지방의 백성들은 몹시 기뻐했다. 백성들은 소와 양을 잡고 술을 마련하여 그의 군대를 위로했다.

장량(?-186 B.C.)

　그들은 패공이 진나라를 이어받는 군주가 되지 못할까봐 오히려 두려워했다.

　유방보다 한 발 늦게 함양에 진입한 항우는 자신이 세웠던 의제(義帝)를 죽이고 진나라의 포로 10만 명도 살해했으며 함양의 궁궐도 불태웠다. 그래서 민심을 잃었다. 결국 초한전쟁에서 패배하고 말았던 것이다.

15. 임용삼걸 任用三傑
탁월한 인재 세 명을 잘 활용하다.

소하(?-193 B.C.)

한나라의 고조인 유방이 천하를 평정한 다음, 낙양의 남궁에서 주연을 베풀고는 모든 신하들에게 물었다.

"내가 천하를 얻은 이유는 무엇이고, 항우가 천하를 잃은 이유는 무엇입니까? 누구든지 나서서 말해 보시오."

고기(高起)와 왕릉(王陵)이 이렇게 말했다.

"폐하께서는 군대를 풀어 성을 함락하고 적지를 점령했을 때 유공자에게 너그럽게 포상하고 그 이익을 함께 나누어 향유하셨기 때문에 모든 사람이 힘을 다하여 싸우고 공을 세우려 했습니다. 그러나 항우는 현자와 유능한 인재를 질투하고 승전 후에도 남의 공로를 인정하지 않고 토지를 얻어도 그 이익을 함께 나누지 않았기 때문에 천하를 잃었습니다."

한신(?-196 B.C)

고조는 이렇게 대꾸했다.

"그것은 하나는 알고 둘은 모르는 소리입니다. 장막 안에서 작전 계획을 세우고 천 리 밖에서도 이미 승리를 결정짓는 일에 관해서는 내가 장량(張良)보다 못합니다. 나라를 안정시키고 백성을 위로하며 군량을 충분히 공급하는 일에 관해서는 내가 소하(蕭何)보다 못합니다.

　백만 대군을 지휘하여 싸울 때마다 승리를 거두는 일에 관해
서는 내가 한신(韓信)보다 못합니다.

　그러나 나는 이 탁월한 인재 세 명을 활용할 줄 알았기 때문
에 천하를 얻은 것입니다.

　반면에 항우는 범증(范增)이라는 인재 한 명마저도 제대로 중
용하지 못해서 마지막에는 나에게 잡힐 정도의 신세가 되고 말
았던 것입니다."
　그 말에 모든 신하가 머리를 숙이고 기꺼이 승복했다.

16. 과로사성 過魯祀聖
노나라를 지나갈 때
공자의 묘 앞에서 제사를 지내다.

한나라의 고조 유방 때 회남왕(淮南王) 경포(黥布)가 반란을 일으켰다. 유방은 직접 군대를 이끌고 가서 경포를 생포하고 반란을 진압했다. 그는 수도 낙양으로 돌아가는 길에 예전의 노나라 영토였던 산동 지방의 곡부현(曲阜縣)을 통과하게 되었다. 그곳에는 공자의 묘와 사당이 있었다. 그는 돼지와 소와 양을 잡아서 제물을 마련한 다음에 공자의 묘 앞에서 제사를 지냈다. 태뢰(太牢)라고 하는 그 제사는 군주가 종묘사직을 위해 지내는 제사와 같은 격식의 것이었다.

한나라 왕조를 창시한 유방은 공자에게 그토록 극진한 존경을 바친 것이다.

17. 각천리마 却千里馬
천리마도 선물로 받지 않다.

한나라 중기에 **문경지치(文景之治)**
라고 불리는 태평성대의 시기가 있
다. 문제 유항(文帝 劉恒, 202-
157 B.C.)과 경제 유계(景帝 劉
啓, 188-141 B.C.)의 시대를 가리
킨다. 문제의 재위 23년, 경제의
재위 16년, 합계 39년의 기간이었
다.

한나라 문제

문제는 기원전 180년에 즉위했다. 그가 즉위한 지 1년이 되
었을 때 어떤 사람이 그에게 천리마 한 필을 바치려고 했다. 천
리마란 하루에 천 리를 달리는 준마를 말하는 것이다.

문제는 천리마를 보고 속으로 매우 기뻐했지만 신하들에게는
이렇게 말했다.

"천자가 행차할 때 봉황을 새긴 깃발이 선두에 서서 길을 인
도하고 수레들이 뒤를 따릅니다. 평상시에 순수하는 경우에는
하루에 50리를 가고, 군대를 이끌고 정벌을 하러 갈 때는 하루
에 30리를 갑니다. 그런데 천자인 내가 천리마를 타고 달린다
면 혼자서 어디로 가겠다는 말입니까?"

그는 천리마를 받아들이지 말고 거절하라는 명령을 내렸다. 또한 그는 진귀한 보물이나 상서로운 짐승 등을 앞으로 왕궁에 절대로 바치지 말라고 전국에 지시했다.

그것은 관리들이 군주의 환심을 사기 위해 불필요한 경쟁을 함으로써 백성들을 괴롭힐 것이 아니라 맡은 일이나 충실히 공정하게 하라는 취지의 지시였다.

천리마 한 필 자체는 대수로운 것이 아니었다. 문제는 말 한마디로 관리들의 기강을 세우고 전국의 민심을 사로잡은 것이다.

18. 지연수언 止輦受言
수레를 멈추고 간언과 충언을 들어주다.

   한나라의 문제는 매일 아침 조정에 나아가 나라 일을 처리했다. 충언이나 간언을 하려는 하급관리들을 도중에 만나면 그는 반드시 수레를 멈추게 한 뒤 그들을 모두 만나주고 그들의 말에 귀를 기울였다.

   이치에 맞거나 유익한 건의는 받아들여 실시하도록 하고 그렇지 않은 것은 도외시했다. 그리고 좋은 의견에 대해서는 언제나 칭찬을 해주었다.

   군주를 경호하는 사람들의 입장에서 본다면 그의 행동은 매우 위험성이 큰 것이었다. 무모하다고도 할 수 있다. 그러나 그는 천하의 민심을 이미 얻은 군주였다. 그러므로 거리낄 것도 두려워할 것도 없었다.

오히려 하급관리들마저도 직접 만나서 그들의 충언에 귀를
기울인다는 것 자체가 민심을 더욱 확실히 장악하는 최고의 통
치술이었다.

잔인하고 무도한 폭군이나 주색에 빠진 무능한 군주들은 감
히 본받을 수도 없고 또 본받으려고도 하지 않는 행동인 것이
다.

19. 납간사금 納諫賜金
간언을 받아들이고 하사금을 주다.

한나라의 문제가 패릉(覇陵) 위쪽에 이르러서 서쪽으로 향할 때 수레를 끄는 말들을 몰아서 가파른 비탈을 내려가려고 했다. 그것을 본 중견 장수인 원앙(袁盎)이 말을 몰고 달려가서 황제의 고삐를 잡고 저지했다.

문제가 말했다.

"장군은 겁이 나서 그러는 겁니까?"

원앙이 대답했다.

"현명한 군주는 불필요
한 모험을 하지 않으며 요
행을 바라지도 않는다고
합니다.

이제 폐하께서는 수레를 끄
는 말 여섯 마리를 몰아서 가파른
비탈을 달려 내려가려 하십니다.

원앙(?-148 B.C.)

만일 말이 놀라고 수레가 부서진다면 폐하의 목숨이 위험해
질 수도 있습니다. 그렇게 된다면 이 나라를 세우신 고조 앞에
서 무슨 면목이 있으시겠습니까?"

신부인

문제는 그의 말이 타당하다고 여겨서 비탈을 달려 내려가려던 일을 그만두었다.

얼마 후 문제는 자신이 총애하는 신부인(愼夫人)을 대동하고 상림원(上林苑)에 놀러갔는데 그 때 원앙도 수행했다.

황후와 신부인이 나란히 앉아 있는 것을 본 원앙은 그것이 궁중의 예의에 어긋난다고 지적했다. 문제는 그의 말이 타당하다고 여겨서 신부인의 자리를 바꾸게 했다.

그리고 원앙에게 황금 50근을 하사했다.

20. 불용이구 不用利口
말재주만 좋은 자는 중용하지 않는다.

한나라의 문제가 하루는 상림원에 놀러 갔을 때 호랑이를 비롯한 맹수들을 기르는 구역에 들어갔다. 그리고 상림원 전체를 관장하는 관리에게 그곳의 짐승이 종류별로 몇 마리나 되는지 물었다. 관리는 제대로 대답하지 못했다. 그 때 옆에 있던 일꾼이 관리를 대신하여 사육되는 짐승들의 현황을 자세히 보고했다.

문제가 측근 신하인 장석지(張釋之)를 불러서 말했다.

"저 일꾼이 매우 유능하니 상림원의 책임자로 임명해도 좋을 것입니다."

그러나 장석지는 반대의견을 제시했다.

"주발(周勃)과 장상여(張相如)는 탁월한 인재였는데 두 사람 모두 과묵했으며 저 일꾼처럼 말재주만 부리고 입을 재빨리 놀리지는 결코 않았습니다. 이제 만일 폐하께서 저 일꾼을 그 말재주 때문에 발탁하여 중용하신다면,

바람이 부는 방향에 따라 풀이 미리 눕듯이, 천하의 모든 사람이 말만 번드르르하게 하고 내실은 없는 짓을 다투어 하게 될까 우려됩니다."

문제가 대꾸했다.
"그 말이 옳습니다!"
그러고는 장석지의 말을 따랐다.

21. 노대석비 露臺惜費
누각의 신축비용을 아깝게 여기다.

한나라의 문제는 여산(驪山) 꼭대기에 누각을 신축하고 싶어 했다. 그래서 누각을 세우는데 필요한 경비를 미리 계산해 보라고 건축 기술자들에게 지시했다. 기술자들은 그 비용이 황금 100냥이라고 대답했다.

보고를 받고 난 문제는 이렇게 말했다.

"황금 100냥이라고 하면 그것은 중류생활을 하는 백성들 열 집의 재산에 해당하는 것입니다. 나는 조상들로부터 궁궐을 물려받았으면서도 조상들을 욕되게 할까 항상 염려해 왔습니다. 그런데 어찌 백성의 재산을 낭비하는 무익한 공사인 누각 신축을 할 수 있겠습니까?"

그는 누각의 신축을 아예 포기해 버렸다.

보기 드문 태평성대를 누리던 그 당시에 황제에게 황금 100 냥은 대수로운 금액이 아니었다. 그러나 백성의 피땀 어린 세금인 공금을 불요불급한 일에 함부로 낭비해서는 안 된다는 원칙을 문제는 간파하고 또한 강조한 것이다.

22. 견행사상 遺幸謝相
총신을 승상에게 보내서 직접 사죄토록 하다.

한나라의 문제는 강직한 인물인 신도가(申徒嘉)를 승상으로 삼고 그를 매우 아꼈다. 승상은 황제 다음 가는 지위였다. 그 당시 유통(劉通)이라고 하는 하급관리는 궁궐의 문무백관들 가운데에서 문제의 총애를 가장 많이 받는 자였다.

어느 날 신도가가 조정에 나아가 문제를 알현할 때 유통은 문제 곁에 매우 오만불손한 자세로 서 있었다.
신도가가 문제에게 간언했다.

"폐하께서는 총애하시는 신하들에게 부귀영화와 존귀한 지위를 베푸실 수 있습니다. 그러나 조정의 예절은 엄숙하게 유지하지 않으면 안 되는 것입니다."

알현을 마치고 승상 집무실로 돌아간 신도가가 유통을 소환했다. 소환에 불응하면 참수하겠다고 알렸다. 겁이 난 유통이 궁중에 들어가서 문제에게 하소연했다.
문제는 유통에게 이렇게 말했다.
"너는 승상에게 가라. 내가 나중에 사람을 보내주겠다."
유통은 승상부에 가서 모자와 신발을 벗고 신도가 앞에 꿇어 엎드려 사죄했다.

신도가가 그를 질책하면서 말했다.

"유통 너는 본래 하찮은 말단관리에 불과한데도 주군을 희롱하였으니 그 불경죄는 참으로 막중하다. 그러므로 참수해야 마땅하다."

신도가가 부하들에게 유통을 참수하라고 명령했다. 유통은 이마를 땅바닥에 찧어서 피를 흘렸다. 바로 그 때 문제가 사람을 보내 유통을 궁중으로 불러들이면서 승상의 양해를 구했다. 그제야 신도가는 노여움을 풀었다.

문제 앞에서 유통은 눈물을 흘리면서 이렇게 말했다.

"승상은 저의 목을 막 베려던 참이었습니다."

23. 굴존노장 屈尊勞將
존귀한 지위를 굽히고 장수를 위로하다.

　한나라의 문제때 북방의 흉노족이 대거 침입했다. 문제는 유예(劉禮), 서여(徐厲), 주아부(周亞夫)를 장군으로 삼고 군대를 주어 국경지대에 파견했다. 유예는 패상(覇上)에, 서여는 극문(棘門)에, 주아부는 세류(細柳)에 각각 주둔하면서 적을 막으려 했다.

　문제는 몸소 전방을 시찰하고 장병을 위로하기 위해 떠났다. 패상과 극문을 통과할 때는 그의 수레를 막는 자가 전혀 없었다. 그러나 세류에 이르렀을 때에는 사정이 달랐다. 문제의 선발대는 진영 안으로 들어갈 수가 없었다.

　선발대의 장교가 소리쳤다.
　"황제의 수레가 곧 도착하니 문을 빨리 열어라!"
　문지기 군사가 대꾸했다.
　"군대의 진영에서는 오로지 장군의 명령만 통할 뿐 황제의 명령은 통하지 않습니다!"

결국 문제는 주아부에게 사람을 보내서 자신의 말을 전하도록 했다.

"나는 진영에 들어가서 장병들을 위로하고 싶습니다."

주아부가 문지기들에게 문을 열어주라는 지시를 내려 보냈다. 그런데 문제의 수레가 진영 안에 들어섰을 때 망루에 있던 군사가 소리쳤다.

"진영 안에서는 수레가 빨리 달릴 수 없다는 것이 장군의 명령입니다!"

문제는 말의 고삐를 단단히 죄어서 수레가 천천히 전진하도록 했다. 이윽고 주아부가 손에 무기를 든 채 밖으로 나와 문제를 영접하면서 말했다.

"저는 갑옷을 입고 있어서 무릎을 꿇을 수가 없으니 군례로 폐하를 모시겠습니다."

　문제는 자세를 바로 고치
고 엄숙한 표정으로 주아부
의 군례 를 받은 뒤 답례했
다. 그리고 황제가 모든 장
병을 위로한다는 뜻을 사람
을 시켜서 알리도록 했다.
　얼마 후 주아부의 진영의
문을 나섰을 때 신하들은
모두 겁을 집어먹고 있었
다. 그러나 문제는 주아부
를 몹시 칭찬했다.
　"아! 주아부야말로 참으

주아부 (?–43 B.C.)

로 장수다운 장수입니다! 패상과 극문은 아이들 장난과 같아서
누구든지 습격하여 쉽게 우리 장병들 포로로 잡을 수가 있습니
다. 그러나 주아부의 경우에는 누가 감히 넘보려고 할 수 있겠
습니까! "
　그 후에도 문제는 주아부를 오랫동안 칭찬했다.

　군대든 관료사회든 기강은 생명이다. 기강이 무너지면 어떠
한 조직도 허수아비에 불과하고 그러한 조직을 거느리는 군주
또한 허수아비다. 부패하고 타락하여 스스로 기강을 무너뜨리
는 군주가 있다면 그것은 그의 자멸행위다.

24. 포륜정현 蒲輪征賢

부들로 수레바퀴를 싸고 현자를 모셔오다.

한나라 무제(156-87B.C.)

문경지치(文景之治)에 이어 한나라의 전성시대를 구가하게 만든 것은 무제 유철(武帝 劉徹, 재위 141-87 B.C)이다. 그는 중앙집권을 확고히 한 뒤 외교와 영토 확장에 주력했다.

또한 그는 유학을 매우 좋아해서 조관(趙綰)을 어사대부로, 왕장(王臧)을 낭중령으로 삼았는데, 이 두 사람은 자기들의 스승인 신공(申公)을 발탁하도록 그에게 추천했다.

신공은 산동 지방 출신으로 시전(詩傳)을 저술했고 관직에서 은퇴한 뒤에는 교육에 전념하여 제자가 천 명이 넘었다. 무제가 그를 부를 때 그의 나이는 80세가 넘었다.

무제는 신공에게 비단과 구슬을 선물로 보냈으며, 연로한 그가 수도 장안까지 편안하게 타고 올 수 있도록 하기 위해 부들로 바퀴를 싼 수레도 보내주었다.

또한 무제는 신공에게 태중대부의 벼슬을 내리고는 그가 노나라 제후의 관저에서 살도록 했다.

나라를 다스리는 근본원리에 관한 무제의 질문에 대해 신공은 이렇게 대답했다.

"나라를 다스리는 원리에 관해서는 많은 말이 필요 없습니다. 옳고 그름을 간파하여 최선을 다해 노력하고 실천하는 것뿐입니다."

신공의 간단명료한 대답에 무제는 만족할 수 없었다. 오히려 약간 실망감마저 느꼈을 것이다.

1년 후 조관과 왕장은 유학을 반대하는 두태후(竇太后)의 분노를 샀고 무제는 두태후에게 질책을 받았다. 감옥에 갇힌 조관과 왕장은 자살했다. 신공은 병에 걸려 있어서 화를 면했지만 관직을 버리고 고향으로 돌아가고 말았다.

25. 명변사서 明辨詐書
허위로 모함하는 상소문을 명백하게 가려내다

한나라의 무제가 기원전 87년에 죽자 그의 아들 유불릉(劉弗陵)이 여덟 살의 어린 나이에 즉위하여 소제(昭帝, 94-74 B.C.)가 되었다. 대장군 곽광(霍光)이 그를 보필했다. 그 당시 소제의 누나인 개장(蓋長)공주, 좌장군 상관걸(上官桀)과 그의 아들 상관안(上官安), 상홍양(桑弘洋) 등은 곽광

한나라 소제

이 대권을 장악한 것에 대해 불만을 품었다. 또한 연나라의 제후 유단(劉旦)은 소제의 형인 자기 자신이 등극하지 못한 데 대해 원한을 품었다.

기원전 80년에 상관걸 일파는 상소문을 연나라 제후의 명의로 위조하여 소제에게 바쳤다. 곽광이 제멋대로 막부를 설치하고 개인적으로 군사를 모집하며 반역을 도모한다는 내용이었다. 소제는 그 상소문을 받아서 자신이 간직했다.

다음 날 그 소식을 들은 곽광은 감히 조정에 나아가지 못한

곽광 (?-68B.C.)

채 황제의 처벌을 집에서 기다리고 있었다. 소제가 사람을 보내 곽광을 궁중으로 불러들였다. 곽광은 모자를 벗고 머리카락을 풀어헤친 채 소제 앞에 엎드렸다.

소제가 웃으면서 그에게 말했다.

"대장군은 모자를 쓰세요. 나는 연나라 제후의 상소문이 위조라는 사실을 알고 있어요. 대장군이 정무를 보기 시작한 것이 불과 열흘밖에 안 되었는데 장안에서 수천 리나 떨어진 곳에 있는 연나라 제후가 어떻게 그것을 알 수가 있겠어요?"

당시 14세인 소제의 예리한 관찰력에 모든 신하들이 놀라고 두려워했다. 곽광을 무고하는 상소문을 작성한 자들은 그 소식을 듣고 모두 달아났다.

그 후 상관걸 일파가 다시 곽광을 무고하자 소제는 노발대발하면서 말했다.

“대장군 곽광은 충신입니다. 그래서 나의 선친 무제가 그에게
나를 보필하여 정무를 보게 한 것입니다. 앞으로 곽광을 다시금
비난하는 자가 있다면 엄중한 처벌을 면치 못할 것입니다!”

그 다음부터는 소제 앞에서 아
무도 감히 곽광을 비난하지
못했다.

그런데 결국은 연나
라 제후가 반란을
일으키고 말았다.
소제는 곽광을 파
견하여 신속하게
진압했다.

개장공주와 연
나라 제후는 자살
하고 상관걸과 상홍
양의 가문은 몰살을
당했다.

소제는 재위 13년 만에 22
세로 요절했다.

26. 포장수령 褒獎守令
지방행정 책임자들을 포상하고 장려하다.

한나라 선제

한나라의 선제 유순(宣帝 劉詢, 91-49 B.C.)은 기원전 74년에 즉위했다. 그는 각 지방의 행정책임자인 태수들의 역할을 가장 중요시했다.

그래서 그는 자주 이렇게 말했다.

"각 지방의 태수들은 백성을 직접 다스리는 관리로서 가장 중요한 자리에 있습니다.

지방행정의 책임자가 자주 바뀐다면 백성들은 마음이 불안해질 것입니다. 그러나 그가 오랫동안 한 곳에 머물러 다스릴 것이라는 사실을 백성들이 안다면 백성들은 감히 그를 속이려 들지 못할 것이며, 그의 가르침에 잘 복종할 것입니다."

연간 이천 석의 녹봉을 받는 태수가 자기 관할구역을 잘 다스려 훌륭한 치적을 쌓은 경우 선제는 황제 명의의 서신을 내려보내 그 공로를 표창하고 장려했으며 장려금도 주고 승진도 시켰다. 아울러 승진된 직급에 맞는 다른 지방으로 전직도 시켰다. 중앙정부의 직제에 결원이 생기면 이미 표창을 받은 우수한 지방관원으로 그 자리를 채우기도 했다.

그리하여 선제 때에는 훌륭한 지방태수가 매우 많았고 그래서 중흥의 시기라고 불린다.

27. 조유강경 詔儒講經
유학자들에게 오경을 연구
검토하여 정본을 마련하게 하다.

한나라의 선제는 학문을 좋아했다. 그는 유학의 모든 학파의
학자들을 한 자리에 불러 모은 뒤, 전래된 오경을 연구 검토하
고 차이점들을 수정하여 정본을 마련하도록 했다.

그것을 나중에 숙망지(蕭望之) 등이 평가하고 주석을 달아 최
종적으로 선제의 결재를 받았다.

시경과 예기는 이미 확정되어
있었다. 그래서 양구하(梁丘
賀)가 전수한 〈역경〉, 하후
승(夏侯勝)과 하후건(夏侯
建)이 전수한 〈상서〉, 곡
량숙(谷梁俶)이 전수한
〈춘추〉가 정본으로 확
정되어 후세에 이르게
되었다.

또한 중앙정부에는 역
경, 상서, 춘추를 가르치는
박사관(博士官)을 각각 설치
했다.

28. 즙함정직 葺檻旌直
난간에 매달린 채 강직하게 충언하다.

한나라의 성제(成帝, 재위 33-7 B.C.) 때에는 외척 왕씨가 정권을 농락하고 있었다. 성제에게 글을 가르쳐 그의 스승으로 대접을 받던 장우(張禹)는 성격이 나약하고 나이가 많아 자기 자신을 보존하기 위해 왕씨 일파에게 아첨하고 그 세력을 비호했다.

괴리현(槐裏縣)의 현감인 주운(朱雲)은 강직한 인물이었는데 그는 황제의 알현을 청한 뒤 모든 대신이 열석한 가운데 성제에게 이렇게 말했다.

"저에게 말의 목을 베는 칼을 내려 주십시오. 그러면 제가 그 것으로 간신의 목을 베어 다른 사람들을 경고하겠습니다."

성제가 물었다.

"간신이라면 누구를 말하는 것이오?"

주운이 대답했다.

"그것은 바로 장우입니다."

성제가 노발대발했다.

"하찮은 관리가 짐의 스승을 모욕했으니 죽어 마땅하다."

난간에 매달리는 주운

황제를 호위하던 신하가 주운을 끌어내려고 하자 그는 난간에 매달렸다. 난간이 부러졌다. 그 때 주운이 소리쳤다.

"저는 예전에 걸왕(桀王)에게 살해된 관용봉(關龍逢)과 주왕(紂王)에게 살해된 왕자 비간(比干)을 저승에서 만나 충절을 위해 죽은 혼이 되어도 좋습니다. 그렇지만 간신 때문에 폐하께 닥칠 재난은 어떻게 하면 좋겠습니까?"

좌장군 신경기(辛慶忌)가 모자를 벗고 성제 앞에 엎드려 말했다.

"주운은 평소에 강직하기 그지없는 신하입니다. 폐하의 너그러우신 관용을 간청하는 바입니다."

그래서 성제는 분노를 거두고 주운은 사형을 면하게 되었다.

얼마 후 부러진 난간을 수리하려고 할 때 성제는 이렇게 말했다.

"새 난간으로 갈아 끼울 필요는 없소. 부러진 난간을 그대로 두어 다른 사람들이 주운의 직언을 기억하며 직언하는 신하를 기리는 징표로 삼게 하시오."

29. 빈례고인 賓禮故人
손님을 모시는 예의를
갖추어서 옛 친구를 초빙하다.

후한 광무제

후한의 광무제 유수(光武帝 劉秀, 6 B.C.-57 A.D.)는 어렸을 때 엄광(嚴光)과 함께 글을 배웠다. 유수가 황제가 되자 엄광은 자취를 감추어 은거하고 말았다. 광무제는 그가 현자임을 잘 알았기 때문에 사람을 풀어 사방에서 그를 찾아내도록 했다.

어느 날 광무제는 양가죽 옷을 입은 남자가 제나라의 강가에서 낚시질을 하고 있다는 보고를 받고는 그가 곧 엄광이라고 판단했다. 그래서 비단을 실은 수레를 보내 그를 초빙해 오도록 지시했다. 엄광은 세 번 거절한 다음에 수도에 올라갔다.

광무제는 그가 묵고 있는 여관을 그날로 찾아가 만났다. 엄광은 침상에 누운 채 일어나지도 않았다. 광무제는 그의 침상 앞에 서서 손으로 그의 배를 쓰다듬으며 말했다.

"자네는 내가 나라를 잘 다스리도록 왜 도와주지 않는가?"

엄광이 대답했다.

"예전에 요임금은 재능과 덕행이 뛰어났는데 소부(巢父)에게 관직을 주려고 했지만 소부는 맑은 물로 자기 귀를 씻으면서 거절했네. 그래서 요임금은 더 이상 그에게 관직을 강요하지 않았다네. 선비는 누구나 자기 뜻을 지니고 있는 법이라네. 나는 이미 세상을 등지고 은둔한 몸인데 어찌하여 나에게 관직을 강요하려고 하는가? "

광무제는 그가 결코 뜻을 굽히지 않을 것이라고 깨닫고는 탄식하면서 그 자리에서 물러갔다.

며칠 후 광무제는 엄광을 궁중으로 불러들여 어린 시절의 이야기를 나누면서 함께 침상에 누워 잤다. 엄광은 자기 다리를 광무제의 배 위에 걸쳐 놓았다.

다음 날 태사가 황급히 광무제 앞에 나아가 보고했다.

"좋지 않은 징조가 있습니다. 어젯밤에 제가 천문을 보았는데 어느 낯선 별이 황제의 별을 침범했습니다."

광무제가 웃으면서 대꾸했다.

"그건 조금도 놀랄 일이 아니오. 어젯밤 나는 옛 친구 엄광과 함께 잤던 것이오."

30. 거관사포 拒關賜布
관문을 닫고 열어주지
않은 관리에게 비단을 하사하다.

후한의 광무제가 어느 날 사냥을 나갔다가 밤이 매우 깊었을 때 돌아왔다. 그가 성의 동문에 이르렀는데 성문은 이미 잠겨 있었다. 그 때 동문을 지키는 책임자는 질운이었다.

광무제가 사람을 보내 문을 열라고 했지만 질운은 이렇게 대꾸했다.

"밤이 깊고 불빛이 멀기 때문에 황제의 일행인지 여부를 식별할 수 없습니다."

그러고는 끝내 동문을 열어주지 않았다.
그래서 광무제는 동쪽의 중문으로 간 뒤 그곳을 통해 궁중에 들어갈 수가 있었다.

다음 날 아침 질운이 상소문을 올렸다.

"폐하께서는 먼 산
에 가셔서 사냥을 즐
기시는데 낮에만 하
시는 것이 아니라 밤
에도 하십니다.
　그렇다면 종묘사직
의 일은 어떻게 되겠
습니까?"

　광무제는 화를 내
기는커녕 오히려 질
운에게 비단 백 필을
하사했다.
　그리고 자기에게
문을 열어준 동쪽 중
문의 책임자의 직급
을 강등시켰다.

31. 야분강경 夜分講經
밤늦게까지 경서를 논의하다.

후한의 광무제는 조정의 일을 마친 뒤 언제나 학식이 풍부한 신하들과 함께 밤늦게까지 경서의 이치를 논의하고 나서야 취침하고는 했다.

광무제가 지나치게 학문에 열중하는 것을 본 태자는 틈을 엿보아 이렇게 간언했다.

"폐하께서는 우임금과 탕임금에 못지않은 지혜로 나라를 열심히 다스리십니다. 그러나 지나치게 과로하시는가 하면 황제(黃帝)와 노자(老子)의 본성을 기르는 방법에 관해서는 소홀히 하십니다. 부디 몸과 마음을 편안하게 하시고 과로를 피하시기 바랍니다."

광무제는 이렇게 대답했다.

"경서의 논의는 내가 좋아서 하는 일이다. 그러므로 나는 피로를 느끼지 못하는 것이다."

32. 상강항령 賞强項令
목이 뻣뻣한 낙양 시장을 포상하다.

후한의 광무제때 동선(董宣)은 낙양의 시장이었다. 황제의 누나 호양(湖陽)공주의 하인이 대낮에 살인을 한 뒤 공주의 집에 숨어 있었다. 그래서 관리들은 그를 체포할 수가 없었다.

어느 날 공주가 외출할 때 그 하인이 공주의 수레에 타고 있었다. 동선이 공주의 수레를 멈추게 하고 칼로 땅에 선을 그어 수레가 그 선을 넘지 못하게 했다. 그러고는 공주의 잘못을 자세히 질책한 뒤, 자기 손으로 그 하인을 수레에서 끌어내려 현장에서 처형해 버렸다.

공주는 즉시 궁중으로 돌아가 광무제에게 그 일을 알렸고 광무제는 격노했다. 그래서 동선을 체포하여 처형하려고 했다.
그러자 동선이 광무제에게 이렇게 말했다.
"폐하께서는 성덕으로 나라의 중흥을 이룩하셨습니다.

그런데 하인의 살인죄조차 관리가 처벌할 수가 없다면, 앞으로 천하가 어떻게 법으로 다스려지겠습니까?

저는 곤장을 맞고 죽기보다는 차라리 자살의 길을 택하겠습니다."

동선은 자기 머리로 기둥을 받기 시작했다. 광무제는 그의 말이 타당하다고 인정하여 그가 머리로 기둥을 받는 동작을 멈추게 했다. 그러고는 그에게 공주에게 머리를 숙여 사과하라고 지시했다. 동선은 고개를 숙여 사과하지 않았다. 광무제는 사람을 시켜 강제로 그의 고개를 숙이게 만들려고 했지만 그는 두 손으로 자기 목을 받쳐서 끝내 굽히지 않았다. 광무제는 강직한 그의 태도를 보고 내심 크게 기뻐했다.

이윽고 광무제는 목이 뻣뻣한 저 낙양 시장을 궁궐 밖으로 내쫓으라고 명령했다. 그러고는 그에게 30만 냥을 하사했다. 낙양 안팎의 모든 사람이 몹시 동선을 두려워했다.

33. 임옹배로 臨雍拜老
태학을 방문하여 원로에게
존경의 뜻을 표하는 예식을 거행하다.

광무제의 뒤를 이어 후한의 두 번째 황제가 된 명제(明帝, 28-75 A.D.)는 등극하자 마자 국가의 최고학부인 태학(太學)을 몸소 방문하여 스승과 원로들에게 존경의 뜻을 표하는 예식을 거행했다.

덕망이 높은 이궁(李躬)이 삼로(三老)가 되고 그의 스승 환영(桓榮)이 오경(五更)이 되었다.

후한 명제

예식을 마친 뒤 명제는 환영과 그의 제자들을 거느리고 태학의 전당에 들어가 자신이 몸소 경전을 강의했다.

태학의 모든 학생들이 각각 경전을 손에 든 채 그의 강의를 들었고 각자 질문을 했으며 명제는 그 질문에 일일이 답변했다.
그 소식이 삽시간에 퍼져 성 안의 사람들이 태학 앞에 구름처럼 몰려들어 장관을 이루었다.

34. 애석낭관 愛惜郎官
낭관의 지위를 아끼어서 허락하지 않다.

후한의 명제때, 명제의 누나 관도(舘陶)공주가 자기 아들에게 낭관(郎官)의 벼슬을 달라고 명제에게 간청했다.

명제는 허락하지 않았다. 그러나 공주의 체면을 살려주기 위해 공주의 아들에게 천만 개의 동전을 하사했다.

공주가 어전에서 물러간 뒤 명제는 신하들에게 이렇게 말했다.

"낭관이란 하늘의 낭성에 상응하여 사방 백 리를 다스리는 직책입니다.

자격을 갖춘 사람이 그 자리에 앉지 않으면 백성들이 받는 피해는 막심한 것입니다.

그래서 나는 낭관의 지위를 허락하기가 어려웠던 것입니다."

35. 군신어수 君臣魚水

군주와 신하의 관계는 물과 물고기의 관계와 같다.

촉한 소열제 (유비)

삼국시대 때 제갈량(諸葛亮, 181-234 A.D.)은 양양(襄陽)의
융중(隆中)에 숨어 살고 있었다. 그는 나라를 세우고 천하를 제
패할 웅대한 책략을 품고 있었지만 벼슬길에는 나아가지 않았
다.

　그의 명망을 전해들은 유비(劉備, 161-223 A.D.)가 몸소 그를 찾아갔는데 세 번이나 찾아가서야 비로소 그를 만날 수 있었다.

　이것을 고사성어로는 **삼고초려(三顧草廬)**라고 한다.

　제갈량은 유비에게 형주(荊州)를 탈취한 다음, 동쪽의 오나라와 연합하여 북쪽의 조조에게 대항하며, 서쪽으로 나아가 파촉(巴蜀), 사천(四川) 등 광대한 지역을 점령하라고 하는 전략을 제시했다.

유비는 그의 전략에 전적으로 동의하여 그것을 채택했다. 그리고 그가 자기를 도와 천하를 도모해 주기를 요청했다.

그 후 두 사람은 날이 갈수록 더욱 친밀해졌다. 그러자 관우와 장비가 그들의 관계를 그다지 달갑게 여기지 않았다.

유비는 이렇게 말했다.

제갈량 (공명)

"내가 공명(孔明)을 얻은 것은 물고기가 물을 얻은 것과 같다.

그러니 너희는 두 번 다시 이러쿵저러쿵 말하지 마라."

36. 분구시검 焚裘示儉
모피 옷을 불태워 검소함을 보이다.

서진 무제

사마염(司馬炎, 236-290 A.D.)은 서기 265년에 위(魏)나라 원제(元帝)의 선양을 받아 서진(西晉)의 초대 황제 무제(武帝)가 되었다.

서기 278년에 태의(太醫) 사마정거(司馬程据)가 무제의 환심을 가기 위해 꿩의 머리 깃털로 만든 화려한 옷을 바쳤다.

그것을 본 무제는 사치와 향락의 풍조가 전국에 퍼질 것을 우려했다. 그래서 그 옷을 자기가 보는 앞에서 불에 태워 버리라고 명령했다.

그의 명령은 즉시 시행되었다.

이어서 그는 전국에 지시를 내렸다.

"이제부터는 신기한 기술로 만든 기이한 옷을 절대로 바치지 마라! 만일 그러한 옷을 바치는 자가 있다면 반드시 엄벌하겠다!"

그 후 무제는 오(吳)나라의 손호(孫皓)를 항복시켜 천하를 다시 통일하는 대업을 성취했다.

37. 유납계사 留衲戒奢
누더기 옷을 보존하여 사치를 경계하도록 하다.

남송 고조

　남송의 초대 황제인 고조 유유(高祖 劉裕, 356-422 A.D.)는 가난하고 미천한 신분인 시절에 신주(新洲) 강가에 가서 갈대를 베어다가 팔아서 생계를 꾸려 나갔다.
　그리고 아내 장씨(臧氏)가 직접 만든 옷을 사방이 기운 자리로 가득 찬 누더기가 되도록 입었다.

그는 황제가 된
뒤 장녀 회계(會稽)
공주에게 그 누더기
옷을 주고는 잘 보
관하라고 지시하면
서 이렇게 말했다.

"훗날 너의 자녀들 가운데 교만하고 사치하며 절약을 모르는
자가 나올 경우 이 옷을 보여주어 스스로 깨닫게 하라."

유유는 서기 420년에 남송을 세워 북쪽의 북위(北魏)와 더불
어 남북조 시대를 열었고 재위 3년 만에 죽었다.

38. 홍문개관 弘文開館
홍문전 옆에 홍문관을 설치하다.

　당나라의 2대 황제인 태종 이세민(太宗 李世民, 598-649 A.D.)은 고조 이연(高祖 李淵)의 둘째 아들이며 서기 626년에 즉위했다.

　그는 즉위한 지 얼마 지나지 않아 홍문전(弘文殿)에 경사자집(經史子集) 등 네 분야의 책 20만권을 모으고 그 옆에 홍문관(弘文館)을 설치했다. 그리고 천하에 가장 박식한 학자들, 즉 우세남(虞世南), 저량(褚亮), 요사렴(姚思廉), 구양순(歐陽詢), 채윤공(蔡允恭), 소덕언(蕭德言) 등을 엄선하여 그들을 홍문관 학사로 임명하고 그들이 번갈아 숙직

을 하도록 했다.

조정의 일을 마친 뒤 태종
은 학사들을 내전으로 불러
들여 과거 인물들의 언행과
정무처리 등에 관해 논의했
는데 그 논의는 밤이 깊을 때
까지 계속되고는 했다.

태종이 다스리던 시기는
정관지치(貞觀之治)라고 불리
며 후세의 모범이 되었다.

당나라 고조 (재위 618-626 A.D.)

그러나 그는 만년에 고구려에 침입하였다가 실패했고, 그 피
해의 결과 때문에 당나라의 각지에서 폭동이 일어났다.

39. 상서첨벽 上書粘壁
건의문을 벽에 붙여두고 수시로 읽어보다.

당나라의 태종은 어느 날 사공(司空) 배적(裵寂)에게 이렇게 말했다.

"최근에는 나에게 건의하는 문서가 날로 증가하고 있습니다. 그 글 가운데 타당한 것은 모두 내가 벽에 붙여두고는 출입할 때마다 자세히 읽어보고 나라를 다스리는 방도를 수시로 깊이 생각해보며 깊은 밤에 잠들기 전에도 읽어보고 있습니다.

모든 신하들도 나라를 바르게 다스리는 방안을 언제나 깊이 생각하여 나의 기대에 어긋나는 일이 없도록 하시오."

40. 납잠사백 納箴賜帛
경계해야만 할 사항들에 관한 글을
받아들이고 비단을 하사하다.

당나라의 태종은 서기 626년에 즉위했다. 그가 즉위한 직후에 장온고(張蘊古)가 대보잠(大寶箴), 즉 군주가 경계해야만 할 사항들에 관한 글을 올렸는데 그 내용은 대략 아래와 같다.

"고금의 모든 일을 살펴보면 **오로지 군주만이 행복과 번영을** 초래할 수 있지만 군주가 되기란 매우 어려운 일입니다.

성인은 천명을 받아 백성들을 재앙에서 구출하고 잘못은 자기 탓으로 돌리며 혜택은 백성에게 베풀어야 합니다. 태양은 사심 없이 모든 곳을 비추며 지극히 공정하여 자기와 가까운 것들도 사심 없이 대합니다.

그러므로 한 개인이 천하를 다스리기는 하지만 천하가 한 개인을 위해 봉사하는 것은 아닙니다.

군주는 모른다고 말해서는 안 되니 높은 지위에 있어도 아랫사람의 말을 들을 수 있어야만 하기 때문입니다. 사소한 일은 해롭지 않다고 말해서는 안 되니 작은 피해들이 모여서 큰 피해를 이루기 때문입니다. 향락을 극도로 누려서도 안 되니 향락이 지나치면 슬픔이 오기 때문입니다. 개인적인 욕망을 채우려고

해서는 안 되니 사욕을 따르면 재앙을 자초하기 때문입니다.

　궁궐이 아무리 장대해도 군주가 거주하는 곳은 무릎의 덮개를 받아들일 정도의 작은 공간에 불과합니다. 혼미하고 무지한 군주는 아름다운 옥으로 누대를 만들고 보석으로 궁실을 치장하며 식탁에 산해진미를 잔뜩 늘어놓지만, 그가 먹는 것은 작은 배를 부르게 하는 음식이 고작입니다. 술지게미를 산처럼 쌓고 술을 부어 연못을 만들려고 하는 것은 미친 망상에서 나오는 것입니다. 궁궐 안에서 주색을 즐겨서도 안 되고 궁궐 밖에서 사냥에 몰두해서도 안 됩니다. 얻기 어려운 진기한 물건을 탐내서도 안 되고 나라를 망치는 음탕한 음악을 즐겨서도 안 됩니다.

자기만이 잘났다고 여겨 뽐내거나 현명하고 유능한 인재들을 무시하고 천대해서도 안 됩니다.

스스로 총명하다고 자만하거나 충언과 간언을 거부해서도 안 됩니다.

복종하지 않는 자들에 대해서는 봄철의 태양과 가을의 이슬과 같은 태도, 다시 말하자면, 한나라 고조의 관대하고 아량이 큰 자세를 취하여야만 합니다. 각종 정무를 처리하는 것은 얇은 얼음을 밟듯이, 깊은 연못을 건너가듯이, 전전긍긍하는 태도, 즉 주나라 문왕처럼 세심하고 근신하는 태도로 해야만 합니다.

모든 사람의 비난을 받는 자를 처벌하고 모든 사람의 칭찬을 받는 사람을 포상해야 합니다. 시비를 혼동하여 전도시켜서도 안 됩니다."

태종은 장온고의 글을 매우 기쁘게 여겨 칭찬하고 그에게 많은 비단을 하사했다.

41. 종작훼소 縱鵲毀巢
까치들을 쫓아버리고 까치집을 헐다.

당나라의 태종때, 까치 두 마리가 태종의 침전 위에 둥지를 틀었는데 두 개의 둥지가 이어져서 양쪽의 머리는 크고 허리는 가느다란 모양, 즉 허리에 차는 북 요고(腰鼓)의 모양을 닮았다.

모든 신하들은 그것이 상서로운 징조라고 말하면서 치하했다.

그러나 태종은 이렇게 말했다.

"과거에 수나라 양제(煬帝)가 상서로운 조짐을 매우 좋아했다는 말을 들을 때마다 나는 언제나 비웃었습니다.

당나라 태종

상서로운 조짐이란 저러한 까치집 따위를 가리키는 것이 아니라, 나라를 잘 다스리고 백성을 편안하게 만드는 현자들을 얻는 것입니다.

까치집 따위는 치하하고 말고 할 가치도 없는 것입니다."

이어서 그는 까치집을 헐어버리고 까치들을 들판으로 내쫓으라고 명령했다. 그의 명령은 즉시 시행되었다.

42. 경현회요 敬賢懷鷂
현명한 신하를 존경하여 새매를 품속에 감추다.

　당나라의 태종이 어느 날 매우 우수한 새매 암컷을 한 마리 얻었다. 그는 매우 기뻐하면서 그 새매를 자기 어깨 위에 올려 놓았다.

　그런데 평소에 직언을 잘 하기로 유명한 간의대부(諫議大夫) 위징(魏徵, 580-643 A.D.)이 자기에게 다가오는 것을 바라본 태종은 새매를 품속에 넣어 감추었다. 위징은 태종이 존경하는 현명한 신하였기 때문에 태종은 그에 대한 예의를 갖추려고 한 것이다.

　위징은 태종이 새매를 품속에 감춘 것을 눈치 챘다. 그래서 일부러 업무의 보고와 직언을 길게 끌었다. 결국 새매는 태종의 품속에서 질식하여 죽고 말았다.

43. 남도금장 覽圖禁杖

의학 서적을 읽은 뒤
척추에 대한 매질을 금지 하다.

당나라의 태종은 어느 날 명당침구도(明堂針灸圖)라고 하는 의학 서적을 읽어보았다. 그래서 그는 사람의 척추에 침을 놓는 자리가 매우 많으며 척추가 다섯 가지 내장과 깊은 관련이 있다는 사실을 알게 되었다.

그는 형벌을 집행하는 모든 관청에 명령을 즉시 하달했다.

"오늘부터는 형벌을 집행할 때 죄인의 척추는 절대로 몽둥이로 때리지 마라."

44. 주명신직 主明臣直
군주가 현명하면 신하는 강직하다.

당나라의 태종이 어느 날 조정에서 물러난 뒤에 화를 몹시 내면서 말했다.

"나는 저 시골 늙은이를 반드시 죽이고야 말겠다."

장손(長孫) 황후가 시골 늙은이란 누구를 가리키는 것인지 물었다. 그러자 태종이 이렇게 대꾸했다.

"위징이 조정에서 항상 나를 모욕한다 이거요."

위징이 충신임을 잘 알고 있던 장손황후는 말없이 태종 앞에서 물러갔다. 그리고 얼마 후 경사스러운 일을 축하하는 정장을 차려 입은 뒤 태종에게 다시 가서 예의를 갖추어 치하하면서 말했다.

"제가 듣기에는 군주가 현명하면 신하는 강직하다고 합니다. 이제 위징이 강직한 신하로서 폐하를 섬기기 때문에 폐하께서는 현명한 군주가 되신 것입니다. 그러므로 제가 어찌 축하하지 않을 수가 있겠습니까?"

그 말을 들은 태종은 매우 기뻐했다.

45. 종수귀옥 縱囚歸獄
풀려난 사형수들이 자진해서 감옥에 돌아오다.

당나라의 태종은 정관(貞觀) 6년 어느 날 감옥에 갇혀 있는 사형수들의 명단을 직접 살펴보았다.

수많은 사형수들의 명단을 본 그는 연민의 정을 느꼈다. 그래서 사형수들을 모두 집으로 돌려보내 그들이 가족들을 만나보게 하라고 지시했다. 다만 다음 해 9월말까지 그들은 장안의 감옥에 돌아오지 않으면 안 되게 되었다.

전국의 사형수 390명이 일시적으로 석방되어 각자 자기 집으로 돌아갔다. 다음 해 9월말 사형수들은 단 한 명도 빠짐없이 모두 자진해서 감옥에 돌아왔다. 그들은 태종의 관대한 조치에 감격했던 것이다.

처형 받을 몸인 사형수들이 그렇게 기일을 지켜서 자진 귀환한 것을 본 태종은 그들을 차마 처형하지 못하고 모두 사면해주었다.

46. 망릉훼관 望陵毁觀
소릉을 바라보고 나서 누대를 철거하다.

당나라의 태종은
정관 10년에 문덕
(文德) 황후 장손씨
를 소릉(昭陵)에 장
례 지냈다. 그는 고
인이 된 황후를 몹
시 그리워하여 궁중
뜰에 매우 높은 누
각을 짓게 한 다음
거기 올라가 소릉을
바라보고는 했다.

어느 날 태종은 위징과 함께 누대에 올라간 다음 위징에게 소
릉을 바라보라고 지시했다. 위징이 오랫동안 바라보다가 이렇
게 말했다.

"저는 늙고 눈이 침침하여 잘
보이지 않습니다."

태종이 그에게 소릉이 있는
방향을 가리키면서 잘 보라고
말했다. 그러자 위징이 이렇게
대답했다.

"저는 폐하께서 태상황(太上
皇)을 사모하신다는 것을 알기
때문에 폐하께서 저에게 헌릉
(虜陵)이 어디 있는지 잘 보라

위징 (580–643 A.D.)

고 하시는 줄 알았습니다. 소릉이라고 하신다면 저는 이미 그것
을 보았습니다."

그 말의 뜻을 알아들은 태종은 그 자리에서 통곡했다. 그 후
그는 누대를 철거시켰다.

47. 철전영거 撤殿營居
궁궐의 전각 신축을
취소하여 신하의 집을 지어주다.

당나라의 태종때 위징은
오랫동안 재상을 지냈는데
도 그의 집은 매우 작고 누
추했으며 중당이나 객청도
없었다.

그러한 사실을 알게 된
태종은 매우 감동하여 궁
궐 안에 작은 전각을 신축
하려던 계획을 취소한 뒤
전각에 쓰려던 건축자재를
모두 옮겨서 위징의 집을
새로 지어주라고 명령했
다. 그 집은 5일 만에 완공
되었다.

태종은 위징의 소박하고 절약하는 성품을 잘 이해했기 때문에 병풍, 책상, 서가, 이부자리, 가구 등 간소한 물건들을 하사했다.

놀라고 감격한 위징은 깊이 감사한다는 뜻의 서신을 태종에게 올렸다.
태종은 친필로 이렇게 답장을 써서 위징에게 주었다.

"내가 대신을 이렇게 대접하는 것은 나라와 백성을 위해서 그렇게 하는 것입니다. 나에게 감사할 필요는 없습니다."

48. 면척영신 面斥佞臣
아첨하는 신하를 정면으로 배척하다.

당나라의 태종은 어느 날 가지가 무성하고 매우 높은 나무 아래에 이르렀을 때 그 나무가 몹시 마음에 든다면서 칭찬했다.

마침 태종을 모시고 그곳에 갔던 우문사급(宇文士及)이 태종의 비위를 맞추기 위해 그 나무를 한없이 칭찬했다.

그러자 태종이 갑자기 정색을 하고는 그를 꾸짖었다.

"위징은 아첨하는 자를 멀리하라고 항상 나에게 충언했지만 나는 아첨하는 자가 누구인지 여태껏 모르고 있었습니다.

다만 교묘한 말로 아첨하는 자가 당신이 아닐까 하고 의심은 하고 있었는데 오늘 보니 과연 나의 의심이 틀리지 않았습니다."

우문사급은 태종 앞에 엎드려 사죄했다.

49. 전수화약 剪須和藥
수염을 잘라서 약을 조제하여 하사하다.

당나라의 태종때 공신 이세적(李世勣)이 갑자기 중병에 걸렸다. 수많은 의사들이 각종 약을 썼지만 효험이 없었다. 맨 나중에 온 어느 의사가 말하기를 사람의 수염을 태워서 재를 만든 뒤 그것으로 약을 조제하여 쓰면 나을 것이라고 했다.

그 말을 전해들은 태종은 자기 수염을 잘라 태워서 재를 만든 뒤 그것으로 약을 만들어 이세적에게 보냈다.

이윽고 병석에서 일어난 이세적이 태종 앞에 엎드려 자기 이마로 땅바닥을 쳐서 피가 흐르도록 절을 했다.

태종은 이렇게 말했다.

"내가 수염을 자른 것은 당신을 위해서가 아니라 나라와 백성을 위해서 그렇게 한 것입니다.

그러니 당신이 나에게 감사할 것이 무엇이 있겠습니까?"

50. 우물교저 遇物敎儲
일이 있을 때마다 태자를 가르치다.

당나라의 태종은 진왕(晋王) 이치(李治)를 태자로 책봉한 다음에 기회가 있을 때마다 직접 태자를 가르치고는 했다.

태자가 식사하는 것을 볼 때는 태종이 이렇게 말했다.
"너는 봄에 파종하고 가을에 추수하는 일이 얼마나 힘든지 잘 알고 있어야 한다. 그래야만 언제나 그러한 식사를 할 수가 있는 것이다."
태자가 승마하는 것을 볼 때는 태종이 이렇게 말했다.
"너는 말의 노고를 잘 알아서 말이 완전히 기진맥진하게 만들어서는 안 된다. 그래야만 항상 그 말을 탈 수가 있는 것이다."
태자가 배를 타는 것을 볼 때는 태종이 이렇게 말했다.

"물은 배를 띄울 수도 있지만 동시에 배를 뒤집을 수도 있다. 백성은 물과 같고 군주는 배와 같은 것이다."

태자가 나무그늘 아래에서 쉬는 것을 볼 때는 태종이 이렇게
말했다.

"목재는 먹줄을 따라야만 바르게 될 수가 있다. 이와 마찬가
지로 군주는 충언과 간언을 받아들여야만 현명한 군주가 될 수
있는 것이다."

51. 견귀방사 遣歸方士
엉터리 술사를 돌려보내다.

　당나라의 태종 말기인 서기 648년에 왕현책(王玄策)이 인도의 일부를 공략한 뒤 사파매(裟婆寐)라고 하는 술사를 데리고 장안에 돌아왔다. 사파매는 장생불로의 비방을 자기가 가지고 있다고 주장했고 태종은 그의 말을 믿었다. 그래서 태종은 사람들을 각지에 보내고 멀리 인도에까지 파견하여 온갖 기이한 약재와 광석을 수집하여 사파매로 하여금 영약을 만들도록 했다. 그러나 사파매는 장생불로 약을 만들지 못했다.
　결국 태종은 그를 인도로 돌려보내고 말았다.

　태종에 이어 고종(高宗, 628-683 A.D.)이 즉위했을 때 사파매가 다시 장안에 나타나서 장생불로 약을 만들 수 있다고 말했다. 고종은 그의 말을 전혀 믿지 않은 채 그에게 즉시 인도로 돌아가라고 명령했다. 왕현책은 그가 영약을 만들 수 있다고 건의했지만 고종은 무시했다.

이적 (이세적, 594-669 A.D.)

왕현책이 물러간 뒤 고종은 재상 이적(李勣)에게 이렇게 말했다.

"자고로 신선이 어디 있겠습니까? 진시황과 한무제도 불사약을 구하려고 애썼지만 실패하고 말았습니다. 영생불사하는 사람들이 있다면 그들은 지금 도대체 어디 있단 말입니까? "

이적이 고종에게 이렇게 말했다.

"저 자가 장안에 다시 온 모습을 보니 예전과 달리 용모가 수척하고 머리카락은 백발이 되었습니다. 불로장생한다는 말은 헛소리입니다."

과연 사파매는 인도에 돌아가지도 못하고 얼마 후 장안에서 병으로 죽었다.

52. 분금쇄금 焚錦鎖金
비단을 불태우고 금과 은을 철거하다.

당나라의 현종(玄宗, 685-762 A.D.)은 서기 712년에 즉위했
다. 그의 즉위 초기 때 사치스러운 풍조가 전국을 휩쓸었다.

그래서 현종은 이러한 칙령을 내렸다.

"황제의 수레에 사용하는 기물 가운데 금과 은으로 만든 것
은 모두 철거하여 그 금과 은은 군사비로 사용하라. 그리고 주
옥과 비단은 궁궐 마당
에서 불태워 버려라.

황후와 후비들은 앞
으로 비단옷을 입거나
주옥으로 치장해서는
안 된다. 천하의 어디서
든 주옥을 채집하거나
비단을 짜서는 안 된다.

낙양과 장안의 비단
짜는 구역을 없애버려
라."

53. 위임현상 委任賢相
현명한 재상에게 모든 정무를 위임하다.

당나라의 현종은 즉위 초기에 정무에 매우 힘을 써서 요원지(姚元之)를 재상으로 삼은 뒤 모든 일을 그에게 물었으며 요원지는 즉시 현명하게 응답했다. 다른 신하들은 아무도 그의 재능에 미치지 못했다. 그래서 현종은 정무를 모두 그에게 위임했다.

어느 날 요원지가 하급관리들의 승진 문제에 관해서 현종에게 자세히 보고했다. 그러나 현종은 들은 척도 하지 않고 천정만 바라보았다. 요원지가 세 번이나 보고를 거듭했지만 현종이 아무런 반응도 보이지 않자 두려운 마음이 생겨 대궐에서 물러났다.

그래서 현종을 모시는 내시 고역사(高力士)가 현종에게 물었다.

"폐하께서는 등극하신 지 얼마 되지 않으십니다. 재상이 업무를 보고하는 것에 대해 폐하께서는 가부를 말씀해 주셔야 합니다. 그런데 왜 천정만 쳐다보신 것입니까?"

현종은 이렇게 대답했다.

"나는 그를 재상에 임명했습니다. 그는 중대한 사항에 관해서만 나와 상의하면 됩니다. 하급관리들의 임명과 승진은 재상이 스스로 알아서 처리할 일이 아니겠습니까?

그런데 왜 사소한 일로 귀찮게 하는 것입니까?"

고역사가 요원지를 찾아가서 현종의 말을 전해주었다. 요원지는 몹시 기뻐했고 그 말을 전해들은 모든 신하들은 새 황제의 지도방침에 탄복했다.

54. 형제우애 兄弟友愛

형제 사이에 우애가 극진하다.

당나라의 현종은 형제들과 우애가 극진하였고 등극한 이후에도 그의 우애는 변함이 없었다. 그래서 모든 형제가 긴 침상에서 넓은 이불을 덮고 함께 잤고 식사도 함께 했다.

현종의 동생 설왕(薛王) 업(業)이 병이 들자 현종이 직접 한약을 달였는데 그러다가 수염이 불에 탔다. 좌우의 신하들이 모두 놀라서 달려와 현종의 수염에 붙은 불을 껐다.

그러자 현종이 이렇게 말했다.

"설왕이 이 약을 먹고 병이 낫기만 한다면 내 수염이 탄 것은 조금도 아깝지 않습니다."

55. 소시현령 召試縣令
현령들을 불러 모아 어전에서 시험을 보게 하다.

당나라의 현종때 200여명의 현령들이 새로 임명되었다. 현종은 그들을 모두 궁궐에 불러들인 다음 자신이 직접 문제를 내서 그들이 시험을 보도록 했다.

그리고 1등을 한 사람은 장안 근처에 위치한 예천현(醴泉縣)의 현령으로 임명했다. 나머지 사람들은 임시로 각자의 고을에 부임하도록 했다.

그들은 재직 중에 다시 시험을 보았고 그 가운데 45명이 불합격되어 재임명을 받지 못했다.

현종은 장안의 5품 이상 관리들과 지방장관들에게 현령 후보를 각각 한 명씩 추천하도록 했다. 추천을 받아 임명된 자가 자기 지방을 잘 다스리면 추천한 자도 상을 받았고, 그렇지 못한 경우에는 추천한 자도 처벌을 받았다.

56. 청간산조 聽諫散鳥
건의를 받아들여 새들을 야산으로 돌려보내다.

당나라의 현종은 양자강 남쪽에 사람들을 파견하여 해오라기, 비오리 등 물에서 노는 새들을 잡아오도록 하여 궁중의 연못에 모아놓고 즐기려 했다.

그 때 변주(汴州)의 지방장관 예약수(倪若水)가 건의문을 올렸다.

"지금은 농사일과 양잠 때문에 매우 바쁜 시기입니다. 그런데도 그물을 쳐서 새들을 잡게 하고 또한 육로와 수로를 통해 그것들을 운송하도록 한다면, 그것을 보는 사람마다 폐하께서 백성들은 천대하시고 새들은 귀중하게 여기신다고 말하지 않겠습니까? "

당나라 현종

현종은 예약수의 건의문에 대해 감사한다는 답신을 내렸다.
그리고 그동안 잡아두었던 새들을 모두 야산으로 돌려보내고
말았다.

57. 담병석복 啖餠惜福

빵을 먹고 복을 아끼다.

당나라의 숙종(肅宗, 711-762 A.D.)은 태자 시절에 아버지인 현종과 언제나 식사를 같이 하면서 가르침을 받고는 했다.

어느 날 식탁에 양의 다리고기가 놓였다. 현종은 그 고기를 먹고 싶은 생각이 들어 태자에게 그것을 칼로 자르라고 지시했다. 태자는 칼로 양의 다리고기를 썰었다. 그러고는 칼에 묻은 양고기 기름을 식탁 위에 있던 빵에 문질러서 씻었다.

그것을 본 현종은 태자가 사치와 낭비가 심한 성격이라고 생각했다. 그래서 불쾌한 표정으로 태자를 바라보았다.

그러나 태자는 의외의 동작을 했다. 칼의 기름을 다 씻은 뒤 그는 양고기의 기름이 묻은 그 빵을 태연하게 자기 입에 넣어서 먹은 것이었다.

　　그제야 현종이 찌푸린 얼굴을 활짝 펴고 매우 기뻐하면서 말했다.

　　"그렇게 해야 마땅하다.

　　사람은 생활이 넉넉할 때 물건을 아낄 줄 알고 낭비를 피해야만 복을 오래 유지할 수 있는 것이다."

58. 소리연구 燒梨聯句

구운 배를 하사하고 시의 구절들을 지어서 바치다.

당나라의 숙종(肅宗, 711-762 A.D.)은 형산(衡山)에 사람을 보내 그곳에 사는 선비 이비(李泌)를 궁궐로 초빙했다. 이비가 도착하자 숙종은 궁궐의 가장 깊숙한 곳에 그의 거처를 마련해 주었다.

어느 날 밤 난롯가에 앉아 있던 숙종은 배를 두 개 구워서 이비에게 주었다. 마침 그 자리에 있던 숙종의 동생 영왕(穎王)이 자기에게도 구운 배를 달라고 하자 숙종은 거절하면서 이렇게 말했다.

당나라 숙종

"너는 하루 종일 고기를 먹었고 이비 선생님께서는 곡식으로 지은 식사를 끊으셨다. 그런데 네가 어찌 배를 달라고 하느냐?"

숙종의 다른 동생들이 시를 지어 이비에게 바치자고 제의했다.

영왕이 먼저 말
했다.

"선생님은 연세
가 매우 많으시지
만 안색은 어린아
이의 얼굴과도 같
다."

신왕(信王)이 한
줄을 받았다.
"밤에는 아홉 신
선의 뼈를 베고 주
무시지만 아침에는
한 가지 옷만 걸치신다."

다른 사람이 말을 이었다.
"천 가지 곡식도 마다하시고 오로지 배 두 개만 드신다."

숙종이 말을 이었다.

"하늘의 맑은 기운을 타
고 나셨으니 나를 도와
무위(無爲)의 다스림을
펴실 분이다."

그 후 숙종은 이비의
계책의 도움을 크게 받아
안록산의 반란을 평정하고
장안과 낙양을 회복했다.

이비 (722-789 A.D.)

이비는 덕종 때 재상의 지위를 수락하여 현저한 공을 세웠는
데 당시 사람들은 그를 한나라의 장자방(張子房)과 같은 인물이
라고 평했다.

59. 불수공헌 不受貢獻
어느 누구의 진상도 받아들이지 않다.

당나라 헌종

당나라의 헌종(憲宗, 778-820 A.D.)은 서기 805년에 즉위했다. 그는 덕종(德宗)의 장손이고 순종(順宗)의 맏아들이었다.

그가 즉위한 다음 날 그의 곽비의 어머니 승평공주가 미녀 15명을 선발하여 바쳤다.

헌종은 기뻐하기는커녕 그것을 거절하면서 이렇게 말했다.

"나의 선친께서는 재위 기간 중에 어느 누구의 진상도 받지 않으셨다. 내가 어찌 선친의 가르침을 어겨서 진상을 받아들일 수가 있겠는가?"

그는 선발된 여자들을 승평공주에게 돌려보내고 말았다.

그가 즉위한 지 6일 째 되는 날 형남(荊南) 지방의 관리가 녹색 털이 난 거북이 두 마리를 바쳤다. 그것은 상서로운 조짐을

알리는 진귀한 동물이었
다.

헌종은 이러한 내용의
칙서를 내렸다.

"나는 나라를 다스리
는 근본 원리를 항상 생
각하는데 **나라를 안정시
키고 백성의 이익을 증진
시키는 현명한 인재들이
야말로 진정한 보물이다.**

아름다운 식물, 신기한
버섯, 진기한 짐승 따위
는 사람의 눈과 귀를 즐
겁게 할 뿐 허황된 무용지물에 불과하다. 그러므로 춘추에는 상
서로운 물건에 관한 기록이 전혀 없는 것이다. 앞으로 전국의
모든 관리는 진기한 짐승 따위에 관해 보고하지도 말고 궁궐에
바치지도 마라."

헌종은 중앙집권을 강화하였고 중흥의 실적을 올렸다. 그러
나 만년에 환관의 세력을 억압하려고 하다가 오히려 암살당하
고 말았다.

60. 견사진휼 遣使賑恤
사절들을 파견하여 기근에
시달리는 백성을 구제하다.

당나라의 헌종은 서기 805년에 즉위했다. 그가 즉위한 지 4년 되던 해에 남부지방에 극심한 가뭄이 닥쳐서 백성들이 굶주림에 시달리고 있었다.

헌종은 좌사낭중(左司郞中) 정경(鄭敬) 등을 각 지방의 위문사절로 임명하여 위문과 구호활동을 개시하도록 했다.

그들이 각 지방을 향해 떠나기 직전에 헌종은 이렇게 훈시했다.

"나는 궁중에서 비단을 한 필 사용하는 것도

모두 장부에 기록합니다. 그러나 백성을 구제하는 비용에 관해서는 일일이 계산하지 않습니다. 각 지방으로 떠나는 모든 신하는 이러한 취지를 잘 살펴서 시행하시오.

더욱이 지방 관리들과 어울려 술이나 마시고 산에 놀러 다니는 짓을 해서는 안 됩니다."

61. 연영망권 延英忘倦
연영전에서 정무를 논의하며 피로를 잊어버리다.

　당나라의 헌종이 어느 날 연영전(延英殿)에서 재상과 함께 나
라를 다스리는 방안에 관해 논의했다.

　그는 해가 저물도록 연영전을 떠나지 않았다. 날이 몹시 무더
워서 그의 옷이 땀에 젖었다.

　재상 이강(李絳)과 배도(裴度)는 그가 피로에 지칠까 염려하
여 퇴청해주기를 간청했다.

　그러나 그는 이렇게 말했다.

　"내가 궁중에 돌아가야 내 곁에 있는 것은 궁녀들과 내시들
뿐이라 재미가 하나도 없습니다.

　나에게는 여기서 여러 신하들과 더불어 나라를 올바로 다스리는 방안을 논의하는 것이 매우 즐거운 일입니다.

　그래서 나는 피로를 전혀 느끼지 못하고 있습니다."

62. 회채성공 淮蔡成功
회서의 채주를 평정한
공로는 현명한 결단의 결과다.

당나라의 헌종때 회서(淮西) 지방의 장관인 오원제(吳元濟)가
반란을 일으켰다. 헌종이 군대를 파견하여 진압하라고 명령했
다. 그런데 각 지방의 장관들과 재상 이봉길(李逢吉)은 오원제
를 지지하여 토벌계획의 취소를 건의했다. 오로지 배도(裵度)
혼자 반란군의 토벌을 주장했다.

헌종은 이렇게 말했다.
"나는 배도 한 사람만 써도 반란군을 토벌할 수 있습니다."
그래서 헌종은 배도를 재상으로 삼았다. 2년이 지나도록 토
벌군은 성공을 거두지 못했다. 배도는 자기가 직접 현지에 내려
가서 전투를 격려하겠다고 나섰다. 헌종이 허락했다.
배도는 현지를 향해 떠나기 전에 헌종에게 이렇게 말했다.

"저는 적을 섬멸한 뒤에라야 조정에 돌아올 것입니다. 적이
건재하는 한 저는 결코 돌아오지 않겠습니다."

그것은 죽음을 각오한 말이었다. 그 말을 들은 헌종은 눈물을
흘렸다. 그러고는 자기 허리띠를 풀어서 그에게 주었다.

배도는 회서 지방에 내려가 토벌작전을 격려했다. 그 결과 모든 장수들이 분발했다. 이소(李愬)가 채주(蔡州)를 밤에 기습하여 오원제를 생포함으로써 반란은 평정되었다.

회서의 평정을 기리는 비석에 한유(韓愈)는 이렇게 적었다.

"채주를 평정한 저 공로는 오로지 현명한 결단이 있었기 때문에 이루어진 것이다."

63. 논자지간 論字知諫
붓글씨를 논하는 신하가 간언한다는 사실을 깨닫다.

당나라의 목종(穆宗, 재위 820-824)은 한림원 학사 유공권 (柳公權)이 쓴 붓글씨를 유난히 좋아했다. 그래서 물었다.

"그토록 글씨를 멋지게 쓸 수 있는 비결은 무엇입니까?"

유공권이 대답했다.

"글씨를 쓰는 것은 비록 손이지만 붓을 움직이는 것은 마음입니다. 마음이 올바르면 붓도 올바른 법입니다."

목종은 입을 다문 채 안색을 바르게 가다듬었다. 그것은 유공권이 서도를 빌어서 나라를 올바로 다스리는 방법에 관해 간언하고 있다는 사실을 깨달았기 때문이다.

64. 병서정요 屛書政要

금경서와 정관정요의
내용을 병풍에 적어 언제나 읽었다.

당나라의 태종은 반란의 평정과 국가의 흥망에 관한 책 금경서(金鏡書)를 편찬하게 했다.

그런데 당나라의 선종(宣宗, 재위 846-859 A.D.)은 어느 날 그 책을 한림원 학사 영호도에게 주고는 자기 앞에서 낭독하라고 지시했다.

영호도가 그 책을 읽어 내려가다가 이러한 구절에 이르렀다.

"반란은 어느 경우든지 모두가 자격이 없는 자를 임명했기 때문에 일어났다. 나라가 잘 다스려진 경우는 모두가 충성스럽고 현명한 인물을 임명했기 때문에 그러하다."

당나라 선종

선종은 그 구절에서 낭독을 멈추게 한 다음 이렇게 말했다.

"천하의 태평을 도모하려는 사람은 반드시 이 구절을 가장 중요시하지 않으면 안 됩니다."

이어서 선종은 그 책과 정관정요(貞觀政要)의 내용을 병풍에 적게 한 다음, 언제나 엄숙한 자세로 읽어보고는 했다.

65. 분향독소 焚香讀疏

향을 피운 뒤에 건의문을 읽어보다.

당나라의 선종은 간언과 충언을 듣고 건의문을 검토하는 일을 매우 즐겼다.

신하들과 국정을 논의할 때 비록 자기 의견과 다른 의견이라 해도 그것이 타당한 것이라면 자기 의견을 고집하지 않고 그들의 것을 받아들였다.

대신들의 건의문을 받으면 반드시 손을 씻고 향을 피운 뒤에 단정한 자세로 읽어보고는 했다.

66. 경수모교 敬受母敎
어머니의 가르침을 삼가 받아들이다.

북송 태조

북송의 초대 황제인 태조 조광윤(太祖 趙匡胤, 927-976 A.D.)은 서기 960년에 즉위했다. 어머니 남군부인(南郡夫人) 두씨(杜氏)를 매우 존경하는 그는 궁전에서 무릎을 꿇은 채 두씨에게 황태후의 칭호를 바쳤다.

모든 신하들이 경하했다. 그러나 두씨는 기뻐하기는커녕 오히려 근심스러운 표정을 지었다.

좌우의 대신들이 이렇게 말했다.

"아들의 신분이 고귀해지면 어머니의 신분도 역시 고귀해진다고 저희는 들었습니다. 오늘 아드님께서 천자의 지위에 오르셨는데 어찌 기뻐하지 않으십니까?"

두씨는 이렇게 대답했다.

"군주 노릇하기는 매우 어렵다고 나는 들었습니다. 천자란 만백성 위에 앉은 몸인데, 만일 나라를 순리대로 잘 다스린다면 그 지위가 존경과 숭앙을 받겠지만, 그렇지 못하고 천하를 잃게 되면 그가 평범한 백성이 되고 싶어도 될 수가 없다고 했습니다.

그렇기 때문에 나는 우려하는 것입니다."
그 말을 들은 태조는 다시 무릎을 꿇고 이렇게 말했다.
"어머님의 가르침을 삼가 받아들이겠습니다."

67. 해구사장 解裘賜將
모피 옷을 벗어서 장수에게 하사하다.

북송의 초대 황제인 태조 때 대장군 왕전빈(王全斌)이 서촉(西蜀)을 정벌하러 떠났다. 그 무렵 수도 일대에 폭설이 내렸다.

태조는 담비 털옷을 입고 담비 모자를 쓴 채 강무전(講武殿)에서 정무를 보다가 갑자기 좌우 대신들에게 이렇게 말했다.

"나는 이렇게 털옷을 입고 있어도 여전히 추위를 느끼는데 서촉을 정벌하러 떠난 장병들은 눈보라를 무릅쓴 채 추위에 떨면서 얼마나 고생이 많겠습니까? "

그는 즉시 자기 모피 옷과 모피 모자를 벗어 왕전빈에게 보냈다. 동시에 모든 장수들에게는 이러한 훈시도 아울러 보냈다.
"모든 장병의 노고는 조정에서 잘 알고 있다. 그러나 모피 옷과 모자가 충분치 않아 모든 사람에게 일일이 보급할 수는 없으니 양해하라."

왕전빈은 하사품을 받고 감격하여 뜨거운 눈물을 흘렸다. 장병들의 사기는 하늘을 찔렀다. 왕전빈은 머지않아 서촉과 사천 지방을 모두 평정했다.

68. 쇄칠보기 碎七寶器
칠보로 장식된 식기를 부수어버리다.

북송의 초대 황제인 태조는 서촉 지방을 평정한 뒤 후촉(後蜀)의 군주 맹창(孟昶)을 만났다.

그는 맹창이 음식을 먹을 때 사용하던, 칠보로 장식된 그릇을 보고는 분노하여 그것을 당장 부수어 버리라고 명령했다.

그리고 맹창에게 이렇게 말했다.

"너는 이따위 식기를 칠보로 장식하여 음식을 먹는 사치를 부렸단 말이냐? 바로 그러니까 너의 나라가 망한 것은 당연하지 않겠느냐? "

69. 수언서병 受言書屏
가르침을 받아들여 병풍에 기록하다.

북송의 초대 황제인 태조는 재야의 선비 왕소소(王昭素)를 초빙하여 국자감(國子監)의 박사로 임명했다. 당시 왕소소의 나이는 70세였다.

어느 날 태조가 그를 불러서 주역의 건괘에 관하여 강의를 하도록 했다. 그는 건괘의 다섯 번째인 비룡재천(飛龍在天)에 이르렀을 때 역대 제왕들의 흥망성쇠에 관하여 상세하게 설명했다. 동시에 그는 이상적 통치의 원리에 관해서 우회적으로 충언했다.

태조는 몹시 기뻐하면서 통치와 건강유지의 원리를 한 마디로 요약해 달라고 말했다. 왕소소는 이렇게 대답했다.

"통치의 으뜸 원리는 백성을 사랑하는 것입니다. 건강유지의 으뜸 원리는 욕심을 버리는 것입니다."

그의 말은 태조의 마음에 들었다. 태조는 그 말을 병풍에 기록하도록 하여 자신의 좌우명으로 삼았다.

70. 계주의취 戒主衣翠
공주가 물총새 깃털 옷을 입은 것을 꾸짖다.

북송의 초대 황제인 태조때 그의 딸 영녕(永寧) 공주가 비단에 물총새의 깃털을 붙인 화려한 옷을 입고 궁중에 들어갔다.

그것을 본 태조가 공주에게 말했다.

"그 옷을 나에게 내어놓아라. 그리고 앞으로 다시는 그러한 장식을 한 옷은 입지 마라."

공주가 웃으면서 말했다.

"이 옷 한 벌에 물총새 깃털이 얼마나 소모된다고 그러세요?"

태조는 이렇게 대답했다.

"그렇게 보아서는 안 된다.

공주가 그런 사치한 옷을 입으면 왕족과 귀족들이 다투어 그러한 옷을 입을 것이다. 그러면 수도에서 물총새 깃털의 가격이 매우 높아진다.

백성들은 이익을 얻기 위해 돌아다닐 것이고 깃털은 사방에서 매매된다. 그러면 백성의 생업이 심한 지장을 받는다. 이 모든 것은 공주가 그러한 옷을 입었기 때문에 일어나는 일이다.

너는 부귀한 환경에서 자랐으니 지금의 처지를 행복하다고 여겨야 마땅하다. 그런데 어찌 이런 나쁜 짓을 할 생각을 했느냐?"

공주는 부끄러워져서 사죄했다.

71. 경일관서 竟日觀書
하루 종일 독서를 하다.

북송의 2대 황제인 태종(太宗, 939-997 A.D.)은 태조의 동생인데 서기 976년에 즉위했다. 그는 공부하기를 좋아해서 아침 일찍부터 저녁 해질 무렵까지 날마다 독서를 했다.

또한 그는 국사관(國史館)의 학자들로 하여금 태평어람(太平御覽)이라고 하는 책을 편찬하게 했다. 그것은 과거와 현재의 모든 학문과 서적 내용을 총망라하여 1천권에 달하는 대규모의 총서였다.

그는 날마다 3권씩 책을 자기에게 보내게 하여 그것을 읽었다.

북송 태종

태종의 건강을 염려하여 대신 송기(宋琪)가 휴식을 건의하자 태조는 이렇게 답변했다.

"책을 펴서 읽으면 언제나 지식을 얻고 깨닫는 바가 있어서 유익한 것입니다. 그러므로 나는 아무리 독서를 해도 피로한 줄을 모릅니다.

나는 일 년 이내에 태평어람 1천권의 책을 모조리 독파할 계획이기 때문에 잠시도 쉴 수가 없습니다."

한편 태종은 한가한 시간에는 여문중(呂文仲)에게 경서의 이치를 설명하게 하고 왕저(王著)에게 붓글씨를 배웠으며 갈단(葛湍)에게 문자학, 훈고학 등을 배웠다.

72. 인의용직 引衣容直
군주의 옷자락을 잡아끄는
강직한 신하의 말을 받아들이다.

구준 (961-1023 A.D.)

북송의 태종때 구준(寇準)은 추밀원 직학사(直學士)였는데 조
정에 나아가 충직하게 간언했다.

어느 날 그가 어전에서 간언할 때 그것이 태종의 마음에 들
지 않는 내용이었다.

화가 난 태종이 자리에서 일어나 조정을 떠나려고 했다.

구준은 태종의 옷자락을 잡고는 다시 어좌에 앉기를 간청했
다. 일이 아직 끝나지 않았으니 결정을 내려주신 뒤 환궁하라는
말이었다.

태종은 그의 강직한 태도를 매우 기쁘게 여기고 그를 칭찬하
면서 말했다.

"내가 구준을 얻은 것은 당나라 태종이 위징(魏徵)을 얻은 것
과 같습니다."

73. 개용청강 改容聽講

자세를 바로잡은 뒤에 강의를 계속해서 듣다.

북송 인종

북송의 4대 황제인 인종(仁宗, 1010-1063 A.D.)은 서기 1022년에 즉위했다.

그의 즉위 초기에 재상 왕증(王曾)은 나이 어린 황제가 학문과 학자들을 가까이 하도록 주선했다.

그래서 인종을 숭정전(崇政殿) 서쪽 전각에 모신 뒤 손석(孫奭)과 풍원(馮元)의 논어 강의를 듣게 했다.

처음 며칠은 어린 황제가 강의를 열심히 들었지만 얼마 후부터는 좌우를 둘러보는가 하면 자세가 바르지 않게 되었다.

그러자 손석이 강의를 중단했다.

황제는 민망해져서 자세를 바로한 뒤 강의를 계속해서 들었다.

74. 수무일도 受無逸圖
무일도라고 하는 그림을 받다.

북송의 인종때 손석이 상서(尙書) 무일편(無逸篇)의 내용을 그린 그림인 무일도를 인종에게 바쳤다.

무일편의 내용은 주공이 주나라의 성왕에게 안일함을 피하고 정무를 열심히 보살피라고 충고하는 것이다.

인종은 그 그림을 강독각(講讀閣)에 걸라고 지시했다.

얼마 후 이영각(邇英閣)과 연의각(延義閣)이 신축되었다. 그러자 인종은 상서 무일편의 내용을 병풍에 적어 넣으라고 채양(蔡襄)에게 지시했다.

75. 불희주식 不喜珠飾
진주로 머리를 장식하는 것을 좋아하지 않다.

북송의 인종때 궁중의 모든 여자들이 진주로 머리를 장식하기를 좋아했다. 수도의 모든 여자들이 그것을 본받아 너도나도 진주로 머리를 장식했기 때문에 진주 가격이 엄청나게 올랐고 인심이 흉흉해졌다.

인종은 그러한 풍조를 몹시 염려하여 개선할 방책을 궁리하고 있었다.

어느 날 인종이 별전에 있을 때 궁중의 비빈들이 한 자리에 모였는데 인종의 총애를 가장 많이 받던 장귀비(張貴妃)도 그 자리에 도착했다. 그런데 그녀의 머리는 수많은 진주로 장식되어 있었다.

장귀비를 바라본 인종은 일부러 소매를 들어 얼굴을 가리며 말했다.

"머리가 온통 흰색으로 뒤덮여 있는 것을 보니 초상을 치르고 있는 것 같습니다."

그 말을 들은 장귀
비는 부끄러움에 못
이겨 자리에서 일어나
돌아간 다음 진주를
모조리 머리에서 뽑고
나서 평범한 장식을
하고는 다시 자리에
돌아왔다.

그것을 본 인종이
매우 기뻐했다.

그 후 궁중에서는 진주로 머리를 장식하는 사람이 없었다. 그
래서 진주의 가격은 폭락하고 말았다.

76. 납간견녀 納諫遣女
간언을 받아들여 여자들을 돌려보내다.

왕소 (1007–1073 A.D.)

북송의 인종때 왕덕용(王德用)이 자기 두 딸을 인종에게 바쳤고 인종은 그 두 딸을 후궁으로 받아들였다. 그 말을 들은 왕소(王素)는 그들을 친가로 돌려보내야 옳다고 간언했다.

인종이 웃으면서 왕소에게 이렇게 말했다.

"나는 진종(眞宗)의 아들이고 당신은 재상 왕단(王旦)의 아들이며 우리 두 집안은 대대로 친밀한 사이라서 그대는 다른 신하들과 전혀 다른 위치에 있습니다.

그런데 왕덕용이 두 딸을 바쳐서 내가 이미 그들을 나의 좌우에 두고 있는데 그것이 어떻다는 말입니까?"

왕소가 말했다.

"제가 염려하는 바는 바로 폐하께서 그들을 폐하의 좌우에 두시는 것입니다."

인종은 즉시 자신의
실책을 깨닫고는 안색
을 바로잡았다. 그리고
궁중의 관리를 불러 두
딸을 즉시 친가로 돌려
보내라고 지시했다.

왕소가 말했다.

"폐하께서는 이미 저
의 간언을 들어주셨으
니 환궁하신 뒤에 조치
하셔도 늦지 않으실 터

인데 어찌 이토록 서둘러 즉시 조치를 하시는 것입니까?"

인종이 대답했다.

"내가 환궁했을 때 그들이 아직도 거기 머물러 있으면서 떠
나기 싫다고 말한다면 내가 인정에 이끌려 그들을 돌려보내지
못할까 염려해서 그런 것입니다."

궁중의 관리가 돌아와서 보고했다. 두 딸이 이미 동문 밖을
벗어나 돌아갔다고 말이다. 그제야 인종이 자리에서 일어났다.

77. 천장소견 天章김見

천장각에서 모든 관리들의 의견을 직접 듣다.

북송의 인종은 용도 천장각(龍圖天章閣)에 나아가 고위관리들을 모두 불러 모은 뒤 국가의 통치 방침과 실책 등에 관해 문제를 직접 내고는 각자 즉석에서 해답을 적어내도록 했다.

그 때 한림원 학사 장방평(張方平)이 당시의 네 가지 병폐와 그 해소책을 적어냈다. 그것을 읽어본 인종은 그의 탁월한 견해에 탄복했다. 다음 날 아침 인종이 장방평에게 다른 질문들을 던졌는데 장방평은 일일이 대답을 잘했다.

한림원은 원래 자문역할을 하는 곳이었지만 인종은 건의를 받아들여서 그 후부터 한림원 학사들이 조정의 실책에 대해 기탄없이 자기에게 건의하도록 조치했다.

78. 야지소양 夜止燒羊
밤에 양고기를 굽는 일을 하지 못하게 막다.

북송의 인종은 어느 날 측근에게 이렇게 말했다.

"어젯밤 나는 잠이 잘 오지 않고 배가 몹시 고팠기 때문에 구운 양고기를 먹고 싶다는 생각이 들었습니다."

신하가 물었다.

"그러하시다면 왜 사람을 시켜서 구운 양고기를 가져오라고 하지 않으셨습니까?"

인종이 대답했다.

"그것이 관례가 되어 밤마다 양고기를 구울까 염려가 되었던 것입니다. 내가 하룻밤 배고픈 것을 참으면 그만이지, 그걸 참지 못해서 많은 양을 죽이도록 해서야 되겠습니까?"

어떤 사람이 인종에게 진귀한 대합조개 28개를 바쳤다. 조개 하나의 값은 동전 천 개였다. 인종은 이렇게 말했다.

"조개 28개의 값은 동전 2만 8천 개입니다. 나는 그런 것을 도저히 받을 수 없습니다."

79. 후원관맥 後苑觀麥

궁정 뒷마당에서 밀농사를 관람하다.

북송의 4대 황제인 인종은 농업을 중요시했다. 그래서 그는 궁중의 뒷마당에 밀밭을 만들고 거기 밀을 파종하도록 했다. 그리고 밭 근처에 보기전(寶岐殿)이라고 하는 작은 전각을 짓고 밀을 추수할 때 그 전각에 가서 추수하는 광경을 바라보고는 했다. "보기"란 밀대 하나에 이삭이 두 개가 나와서 풍년을 알리는 상서로운 조짐을 가리키는 말이었다.

그는 보기전에서 좌우의 신하들에게 이렇게 말했다.

"과거에는 이곳에 꽃을 심어서 감상했지만 나는 밀을 심어서 추수하도록 했습니다. 그 목적은 곡식을 얻기가 쉽지가 않고 농민들이 농사를 지을 때며 얼마나 수고가 많은지를 직접 보려고 하는 것입니다."

80. 진념유민 軫念流民
유민들의 참상을 천자가 가슴 아파하다.

북송 신종

북송의 6대 황제인 신종(神宗, 1048-1085 A.D.)은 서기 1067년에 즉위했다.

그의 재위 중인 어느 해에 동북지방에 극심한 가뭄이 들었다. 신종은 해결책을 건의하라고 지시했다.

정협(鄭俠)이 유민들의 실상을 그린 그림을 바치면서 새로 제정한 법의 폐해에 관해 직언했다.

신종은 그 그림을 여러 번 들여다보면서 탄식했다. 그리고 그림을 소매에 넣은 채 자기 침실로 돌아갔다. 그러나 그날 밤 잠을 제대로 이루지 못했다.

다음 날 아침 신종은 새로 실시된 법률 가운데 백성들에게 불편을 끼치는 것을 조사하라고 지시했다. 그 결과 18가지의 법이 백성들에게 과중한 부담이 된다는 사실이 드러났다.

신종은 그 18가지 법을 즉시 모두 폐지하였다. 신종의 과감한 조치에 대해 백성들은 매우 기뻐했다.

바로 그 날 많은 비가 내려 가뭄에 시달리던 모든 지역이 골고루 혜택을 받게 되었다.

81. 촉송사신 燭送詞臣
가마를 내주고 등불을 밝혀 신하를 돌려보내다.

소식 (1037-1101 A.D.)

북송의 신종때 소식(蘇軾)은 소인배들의 모함을 받아 귀양을 갔다가 철종(哲宗, 1076-1100 A.D.)이 서기 1085년에 즉위하자 한림원 학사가 되었다.

당시 한림원은 궁궐 안에 있었고 학사 한 명이 날마다 숙직을 서서 천자가 부르면 언제든지 자문에 응하도록 되어 있었다.

어느 날 밤 소식이 숙직을 하고 있을 때 철종과 그의 할머니 태황태후가 그를 불렀다. 그가 어전에 나아가자 태황태후가 물었다.

"지금 어떠한 관직에 있습니까?"

소식이 대답했다.

"저는 죄를 지은 몸이라서 한림에 불과합니다."

소식은 귀양에서 풀린 처지라 관직의 정식명칭을 스스로 부르지 않았던 것이다. 태황태후가 다시 물었다.

"지방에 유배 갔다가 어떻게 한림학사가 되었습니까?"

소식이 대답했다.

"태황태후와 폐하의 은덕을 입어 그렇게 되었습니다."

태황태후가 말했다.

"그렇지 않습니다. 당신이 한림학사가 된 것은 선제(先帝) 신종의 뜻입니다.

신종은 당신의 글을 언제나 읽어보고 탄식하면서 '참으로 천재다! 천재다!' 라고 말했습니다. 신종은 그대를 불러올리려 했지만 조치가 늦었을 뿐입니다.

나는 신종의 뜻을 받들어 그대를 한림학사에 임명한 것뿐입니다."

소식은 신종의 은덕에 감격하여 자기도 모르게 통곡하다가 정신을 잃었다. 태황태후와 철종도 마주 보면서 울었다. 좌우의 신하들도 모두 눈물을 흘렸다.

얼마 후 태황태후는 소식에게 자리에 앉으라고 권하고는 차를 대접했다.

그리고 그가 돌아갈 때 가마를 내주고 등불을 밝혀 그를 한림원까지 모시도록 조치했다.

제1부 해설

앞에 열거한 좋은 왕들의 이야기는 통치자의 모범이 되는 여든 한 가지의 고사들이다. 이에 관해 많은 사람들이 논한 바 있고 또한 감탄하여 마지않았다.

맹자는 이렇게 말했다.

"아아, 탁월한 군주는 반드시 500년마다 출현하는구나!"

좌전(左傳)에는 이렇게 기록되어 있다.

"천년에 한번 성인이 나타나니 그것은 마치 하루와 같구나!"

이것은 어쩌면 믿기 어려운 일인지도 모른다. 그러나 요순시대로부터 현재에 이르기까지 왕조의 교체가 많았고 수많은 군주들이 이어서 출현했지만 그 가운데 **참으로 왕도다운 왕도를 실현한 군주는 불과 30여명에 불과하다.**

게다가 어떤 한 가지 좋은 일을 들어서 말하거나, 특정한 언행을 살펴볼 때, 그들의 일생 전체를 고찰해보면 문제가 한두 가지가 아니다.

그 결과, 평범한 사람들의 수준을 초월하고 완벽한 덕행을 실천하여 후세의 모범이 되는 군주들이란 전체의 10분의 1도 찾아내기가 쉽지 않은 것이 사실이 아닌가!

하늘이 우리 명나라를 돕고 탁월한 군주들이 연달아 출현했다. 우리는 명나라 왕조의 역대 군주들의 실록을 항상 열심히 읽고 창업과 수성의 대업을 삼가 고찰해 보면 과거 역사상 탁월한 군주들의 업적을 모두 구비하고 있다는 것을 알 수 있다.

그 내용을 살펴보면 대개 아래와 같다.

태조(太祖)는 창업했고 성조(成祖)는 군사를 일으켜 난리를 평정하였으며 몸소 천하를 태평하게 만들었다. 이것은 요순과 은나라 탕왕과 주나라 무왕의 공덕을 겸비한 것과도 같다. 법률제도를 물려주고 위대한 사업을 후세에 전해주는 것은 한나라와 당나라의 체제를 완전히 구비하고 있기 때문이다.

인종(仁宗)의 관대하고 인자한 성품과 국력을 배양하는 통치는 은나라 탕왕의 "해망시은 解網施恩"이나 주나라 문왕의 "택급고골 澤及枯骨"의 너그러운 덕행과 같다. 선종(宣宗)이 과거의 문물제도를 중흥하고 나라를 안정시키며 열심히 정무를 돌본 것은 당나라 태종의 "홍문개관 弘文開館"과 당나라 헌종의 "연영망권 延英忘倦"의 업적과도 같다.

영종(英宗)이 스스로를 낮추어 현자를 우대하고 나라를 다스리는 법을 애써 찾아다닌 것은 한나라 무제의 "포륜정현 蒲輪征賢"과 후한 광무제의 "빈례고인 賓禮故人"의 조치와 같다. 헌종(憲宗)이 형제들을 사랑하고 제후들을 후대한 것은 관대함과 우애를 존중하는 풍습을 이어받은 것이다.

교종(教宗)이 모든 신하들을 만나고 각종 간언을 받아들인 것은 우임금의 "게기구언 揭器求言"과 한나라 무제의 "지연수언 止輦受言"의 모범을 따른 것이다. 세종(世宗)이 농업과 양잠을 장려한 것은 주나라 무왕의 "단서수계 丹書受誡"와 송나라 인종의 "수무일도 受無逸圖"의 잠언을 실천한 것이다.

목종(穆宗)은 노자, 장자, 묵자의 학문을 배워 무력을 사용하지 않은 채 먼 곳의 오랑캐들이 복종하도록 만들었다. 이것은 황제와 요순처럼 무위로 천하를 다스린 것이다.

이 외에도 훌륭한 말과 행동에 대해 예를 들자면 한이 없다.

명나라가 일어난 지 200여년이 지났는데 탁월한 군주는 6,7 대에 그치지 않는다. 그리하여 국내가 태평하고 사방의 오랑캐들이 복종하며 훌륭한 통치의 빛이 찬란하다. 그리고 이러한 일은 매우 드문 것이다. 그러니 어찌 상서롭고 좋은 일이 아니겠는가! 천지의 영기가 청명한 시대에만 드러나는 것이 어찌 아니겠는가! 나라가 평안하고 백성들이 즐겁게 자기 일에 전념할 수 있는 징조가 오늘에 이르지 않았겠는가!

시경에서는 이렇게 말한다.

"조상의 업적을 계승할 수 있는 것은 주나라의 후대들, 즉 대를 이은 탁월한 군주들이다. 무왕은 호경(鎬京)을 수도로 삼고 대대로 덕을 베풀어 위업을 이루었다."

명나라는 주나라보다 뛰어나고 더욱 번성한다. 현재의 우리 황제는 명철하실 뿐만 아니라 하늘의 좋은 시기의 덕을 입어 선조들의 위업을 선양하고 요순, 우임금, 탕임금, 주나라 문왕의 모범을 따라 통치하실 것이다. 이것은 우리 모두에게 얼마나 큰 행운인가!

170

제2부 나쁜 왕

미치고 어리석은 왕들의 추태

1. 유전실위 游畋失位

사냥에 빠져서 놀다가 천자의 지위를 잃다.

황하 중류에 자리 잡은 하나라의 태강(太康)은 우임금의 손자다. 그는 즉위한 이후 나라일은 돌보지 않고 음주와 쾌락 추구에만 몰두했다. 특히 그는 사냥을 좋아해서 수많은 군사를 거느리고 낙수(洛水) 일대에서 100일 동안이나 사냥을 했다.

온 나라의 관리들과 백성이 그를 원망했다.

당시 유궁씨(有窮氏)의 지도자 후예(后羿)는 명궁으로 그 명성을 떨치고 있었는데 어느 날 자기 부하들을 인솔하여 태강의 앞길을 막았다. 그는 태강에게 활을 겨누어 태강이 낙수를 건너 궁궐에 돌아가지 못하게 막은 것이다. 태강의 부하들은 뿔뿔이 흩어지고 말았다. 태강의 다섯 형제들도 태강을 비난하는 노래를 지어 불렀다.

결국 태강은 천자의 지위를 잃고 양하(陽夏)로 달아나 거기서 죽었다.

2. 포림주지 脯林酒池
육포로 수풀을 만들고 술로 연못을 만들다.

하나라의 마지막 왕이자 폭군인 걸왕(桀王)이 유시씨(有施氏)의 나라를 정벌했을 때 유시씨는 미녀 매희(妹喜)를 그에게 바쳤다.

걸왕은 매희를 몹시 총애했다. 그래서 걸왕은 매희의 말이라면 단 한 가지도 들어주지 않는 것이 없었다.

그는 옥으로 누대를 만들고 상아로 회랑을 지어 사치와 쾌락에 빠졌다.

또한 백성들의 재물을 착취하여 육포로 숲을 만드는가 하면 술로 연못을 만들었다. 그 연못은 큰 배를 띄울 수 있을 정도였고 둑이 10리에 이르렀으며 북을 한 번 치면 3천 명이 고래처럼 술을 마셨다. 매희는 그 모습을 보고 웃으면서 즐겼다.

결국 은(殷)나라의 탕왕이 이끄는 토벌군이 걸왕의 군대를 명조산(鳴條山) 전투에서 격파했다.

걸왕은 매희를 데리고 달아났지만 탕왕의 군대에게 생포되었다. 탕왕은 그를 산간벽지로 추방하였고 그는 얼마 후 거기서 죽었다.

3. 혁낭사천 革囊射天

가죽 주머니를 피로 채우고
화살을 쏘면서 그것을 사천이라고 불렀다.

은나라의 27대 왕 무을
(武乙)은 포악무도했다. 그
는 목각인형을 만들어 그
것을 천신(天神)이라고 불
렀으며 그 천신을 상대로
도박을 했다. 천신을 대리
하는 자가 도박에서 지면
그는 목각인형을 부수어
버리고는 했다. 그것은 마
치 천신을 죽이는 것과 같
았다.

또한 그는 가죽 주머니
를 피로 채운 뒤 공중에 높
이 매달고는 그것을 화살로
쏘았다. 그러한 짓을 그는 사천(射天)이라고 불렀다. 하늘을 화
살로 쏜다는 것이었다.

그는 즉위한 지 5년이 지난 어느 날 황하와 위수(渭水) 사이
에서 사냥을 하다가 벼락에 맞아 죽었다.

4. 달기해정 妲己害政
미녀 달기가 나라를 망치다.

은나라의 마지막 왕이자 폭군인 주왕(紂王)이 유소씨(有蘇氏)의 나라를 정벌했다. 유소씨는 달기(妲己)라고 하는 미녀를 바쳤다. 주왕은 달기를 몹시 총애했고 달기의 말이라면 모조리 들어 주었다. 그는 달기를 기쁘게 해주려고 기기묘묘한 옷과 물건을 수없이 만들어 주었다. 또한 음악전문가들로 하여금 음탕한 노래와 무도곡을 작곡하게 했다. 높다란 누각 녹대(鹿臺)을 짓고 옥으로 방을 만들고 옥석으로 문을 세웠다. 그리고 백성들의 재물을 마구 착취하여 녹대를 채웠다. 녹대의 창고는 돈으로 가득 찼고 거교지창(鉅橋之倉)이라고 불리는 창고는 온갖 곡식이 넘쳤다.

그는 술로 연못을 만들었고 고기를 걸어 수풀을 이루었다. 그리고 수많은 남녀가 발가벗은 채 그 속에서 서로 쫓고 쫓기는 놀이를 하게 했다.
이것을 고사성어로 **주지육림 (酒池肉林)**이라고 한다.
또한 궁궐 안에 시장을 열어 물건을 매매하게 했으며 신하들과 더불어 밤낮을 가리지 않고 날마다 술을 마셨다.

드디어 백성의 원망이 하늘을 찌르고 제후들이 반란을 일으켰다. 달기는 형벌이 가볍고 군주의 권위가 서지 않았기 때문에 반란이 일어났다고 말했다. 주왕은 구리기둥을 만들고 거기 기름을 칠하게 한 다음 그것을 불타는 숯불 위에 걸치게 했다. 그리고 죄수들로 하여금 그 기둥 위를 걸어가게 했다. 숯불에 떨어져 타죽는 사람들을 바라보면서 달기는 웃고 즐겼다.

이것을 소위 포락지형(炮烙之刑)이라고 한다.

주나라의 무왕이 그를 토벌하려고 군대를 동원했다.

그는 녹대에서 술을 마시다가 불타는 숯불 위로 몸을 던져 자살하고 말았다. 이로써 은나라는 멸망하고 말았다.

5. 팔준순유 八駿巡游

준마 여덟 필의 마차로 멀리 순회하다.

주나라의 5대 임금인 목왕(穆王, 재위 1102-947 B.C.) 때는 천하가 태평했다.

그 때 조보(造父)라고 하는 신하가 말을 잘 훈련시키고 여러 필이 끄는 마차를 매우 잘 몰았다. 그는 준마 여덟 필을 엄선하여 목왕의 마차를 끌게 했다.

목왕은 조보에게 그 마차를 몰게 하고는 그 마차를 타고 서쪽을 순회하러 떠났다. 그러고는 조정에 돌아와 나라 일을 돌보는 것을 잊어버렸다. 즉위 초에는 총명한 군주였던 목왕이 서부 지방에 너무 오래 머물러 있으면서 나라 일을 소홀히 한 것이다.

동쪽 변방의 오랑캐 나라인 서국(徐國)이 그 기회에 반란을 일으켰고 결국은 주나라는 쇠망의 길에 접어들게 되었다.

6. 희거봉화 戲擧烽火
장난으로 봉화를 올리다.

주나라의 12대 임금인 유왕(幽王, 재위 782-771 B.C.)은 미녀 포사(褒姒)를 몹시 총애했다.

포사는 평소에 전혀 웃지 않았다. 유왕은 포사를 웃게 만들기 위해 온갖 방안을 궁리했지만 하나도 성공하지 못했다.

그 당시 유왕은 제후들과 약속한 것이 있었다. 적이 침범하는 경우 유왕이 봉화를 올리면 제후들이 군대를 끌고 와서 유왕을 돕기로 한 것이다.

유왕은 포사를 웃게 만드는 방안을 제시하는 자에게 황금 천 냥을 주겠다고 말했다. 간신 괵석보가 거짓으로 봉화를 올리라고 건의했고 유왕은 포사를 웃게 만들기 위해 적이 침범하지도 않았는데 거짓으로 봉화를 올렸다. 제후들이 군대를 끌고 달려왔다가 속았다. 유왕에게 속은 제후들의 모습을 바라보다가 포사가 드디어 웃고 말았다.

그러나 그 단 한 번의 웃음의 대가는 참으로 막대했다.

　얼마 후 유왕은 포사를 황후로 삼고 그녀의 아들 백복(伯服)을 태자로 세웠다. 폐위된 신씨의 아버지 신후(申侯)가 견융족(犬戎族)과 연합하여 유왕을 공격했다. 다급해진 유왕이 봉화를 올렸지만 그를 구하기 위해 달려온 제후는 하나도 없었다.

　기원전 771년에 견융족은 여산(驪山) 아래에서 유왕을 죽이고 포사를 포로로 잡아갔다. 이로써 서주(西周) 왕조는 멸망했다.

7. 견사구선 遣使求仙
신선들의 장생 불사약을 구하러 사절을 파견하다.

진나라 시황제

진(秦)나라의 시황제(始皇帝, 259-210 B.C.)는 기원전 247년 나이 13세에 즉위했고 기원전 221년에 중국을 최초로 통일하였다.

그는 동쪽 지방을 순회하다가 바닷가에 이르렀다. 그는 바다 한 가운데에 있다고 전해지던 봉래(蓬萊), 방장(方丈), 영주(瀛洲) 등 세 산에 사는 신선들이 먹는 장생 불사약을 구해오라고 제나라 사람 서시(徐市 또는 徐福) 등의 술사들을 파견했다.

술사들은 자기들이 바다 속의 세 산에 도달하지는 못했지만 멀리서 바라본 적은 있다고 시황제를 속였다.

그리고 신
선들에게 공
물로 바치겠
다고 하면서
각종 진귀한
물품과 소년
소녀들, 각종
기술자들을
요구했다. 시

황제는 그들의 허황된 말을 믿고는 소년소녀 3천 명과 각종 기
술자들을 모아 주었다.

서시는 떠나가서 어디선가 머물렀고 스스로 왕이라고 칭했
다. 그는 시황제에게 다시 돌아가지 않았다.

8. 갱유분서 坑儒焚書
유학자들을 구덩이에 생매장하고 책을 불태우다.

진나라의 시황제는 즉위 8년째 되던 해, 즉 기원전 213년에 승상 이사(李斯)의 건의를 받아들여 아래와 같이 천하에 명령을 내렸다.

"개인이 소장하고 있는 시경, 서경, 제자백가의 저술을 모조리 관청에 바쳐야 하고 관청에서는 그것을 모조리 불태워야만 한다.

만일 시경과 서경에 관해 논의하거나 그러한 책을 한 권이라도 가지고 있는 것이 발각되는 경우에는 즉시 목을 베어 경고로 삼는다. 과거의 예를 들어서 현재 조정에서 하는 일을 비방하는 자는 구족을 멸한다. 그러한 죄인들을 관리가 알고도 묵인하는 경우에는 관리도 같은 죄로 처벌받는다.

다만 예외적으로 보존해도 좋은 책은 의약, 점술, 파종과 원예 등에 관한 것뿐이다."

그 결과 정치, 경제, 군사, 문화 등에 관한 무수한 서적이 함
양에서만도 수십 일에 걸쳐서 불태워졌다.
　다음 해에 유학자 두 명이 시황제를 비난하고는 달아났다.
　그 말을 들은 시황제가 격노하여 말했다.
　"저 따위 유생들이 감히 유언비어를 지어내고 퍼뜨리다니!"

　유학자 460여 명이 연루되어 체포되었고 그들은 함양 근처
에서 모두 구덩이에 생매장되고 말았다.

9. 대영궁실 大營宮室
거창한 규모의 궁궐을 신축하다.

진나라의 시황제는 기원전 221년에 전국을 통일한 뒤 함양에 있는 선왕의 궁궐이 협소하다고 판단했다. 그래서 위수(渭水) 남쪽의 상림원(上林苑) 안에 사방 3백리에 걸치는 방대한 면적에다가 수많은 궁전을 짓게 했다.

그 가운데 아방궁(阿房宮)은 가로가 5백 보, 세로가 50장이며 높이는 5장을 넘어서 1만 명이 동시에 앉을 수 있는 규모였다.

주위 사방에는 고가 회랑이 세워져서 전각에서 바로 남산에 이를 수 있고, 남산 꼭대기에는 관문이 설치되었다. 북쪽으로 뻗은 길은 다리를 건너 함양과 연결이 되었다.

계획된 전각은 3백 채였다. 전각마다 화려한 휘장이 둘러쳐지고 쇠로 만든 종들이 설치되었으며 미녀들로 가득 찼다. 궁녀들은 수십 년에 한 번도 시황제를 볼 수 없을 정도로 많았다. 가는 곳마다 모든 것이 구비되어 있었다.

시황제는 아방궁을 불과 몇 년도 즐기지 못했다.

그가 병사한 뒤 진승(陣勝)과 오광(吳廣)이 반란을 일으키자 진나라도 수개 월 만에 멸망했고 아방궁 일대도 항우의 군사들이 지른 불로 초토로 변하고 말았다.

10. 여무출입 女巫出入
여자 무당들이 궁중을 멋대로 출입하다.

한나라의 무제(武帝, 156-87 B.C.)는 탁월한 군주로서 중앙 집권을 강화하고 영토를 대폭 확장했다.

그러나 만년에는 병이 들고 무속을 믿어 골육상잔의 비극을 초래했다. 그의 만년에 전국의 여자 무당들이 수도 장안에 모여 들어 허무맹랑한 말로 백성들을 속이고 있었다. 그런데도 무제는 그들을 억압하기는커녕 자유롭게 궁중에 출입하도록 했다.

그들은 궁녀들에게 재앙을 면하는 방법을 가르쳤고 궁녀들은 그들의 가르침에 따라 목각인형을 신(神)이라고 부르면서 가옥 밑에 묻고 제사를 지내며 복을 빌었다. 또한 그들은 서로 질투하여 자기 적을 저주하고는 했다. 게다가 무제를 저주한다고 하는 무고도 하였다.

그러한 사실을 알게 된 무제가 격노하였고 수많은 궁녀들을 처형하여 궁중이 피바다로 변했다. 그 때 불태워버린 목각인형이 수천 개에 이르렀다.

무제의 의심은 더욱 깊어졌다. 어느 날 밤 그는 수많은 사람이 손에 곤봉을 든 채 자기를 죽이려고 달려드는 꿈을 꾸었다. 겁에 질린 그는 드디어 병에 걸렸다. 당시 간신 강충(江充)이 태자와 사이가 나빴는데 기회를 보아 무제에게 태자를 모함하는 말을 했다.

"폐하께서 병이 든 원인은 폐하를 저주하는 무당이 있기 때문입니다."

무제는 그 말을 믿었다. 그는 요양 목적으로 성밖의 감천궁(甘泉宮)으로 가면서 그 사건의 처리를 강충에게 맡겼다.

강충이 무제에게 보고했다.

"태자궁에 목각인형이 무수히 많습니다."

근거 없는 모함을 받은 태자는 격노했지만 해명할 길이 없어 황제의 명령을 빙자하여 무기고를 연 다음 강충을 잡아서 죽이고 말았다. 이번에는 무제가 격노했다. 태자가 반란을 일으켰다고 믿은 것이다. 무제는 태자를 체포하라고 명령했다. 태자는 달아나다가 결국은 자결하고 말았다.

11. 오후천권 五侯擅權
다섯 제후가 대권을 농락하다.

한나라 성제 (51-7 B.C.)

한나라의 성제(成帝, 재위 33-7 B.C.)는 즉위 초에 맏사위 함평후(咸平侯) 왕봉(王鳳)을 대사마 겸 대장군으로 삼아 조정의 모든 일을 관장하도록 했다. 이어서 다른 사위들, 즉 왕담(王譚), 왕상(王商), 왕립(王立), 왕근(王根), 왕봉시(王逢時)도 모두 제후가 되었는데 당시 사람들은 이들을 다섯 제후라고 불렀다.

그들이 제후가 되던 날 날씨가 돌변하여 사방이 누런 안개로 뒤덮였다.

왕상과 왕권이 왕봉의 뒤를 이어 차례로 천하의 대권을 장악했고 왕씨 일가 중 가장 중요한 고위직을 차지한 자가 25명에 이르렀다. 또한 다른 관직도 모두 왕씨 일가가 차지하고 사방에서 닥치는 대로 뇌물을 받았다.

다섯 제후는 사치 경쟁을 벌였고 각각 화려하고 거대한 규모의 개인 소유 전각들을 지었다.

심지어는 황제의 궁궐과 같이 자기네 전각을 주홍색으로 칠하고 토산점대(土山漸臺)도 세웠으며 자기 집에 풍수(灃水)의 물도 끌어들였다.

모든 신하와 백성들이 성제에게 건의문을 올려 왕씨의 권력이 지나치게 강대하다고 지적했지만 성제는 충언과 간언을 받아들이지 않았다. 그래서 왕씨 일가는 더욱 횡포가 심해졌다.

그 결과 얼마 후 왕망(王莽, 45 B.C.-23 A.D.)이 한나라를 멸망시키고 신(新)나라를 세운 뒤 스스로 황제가 되었다.

12. 시리미행 市裏微行
사복 차림으로 시내를 돌아다니다

한나라 성제는 사복 차림으로 아무도 모르게 시내를 돌아다니기를 좋아했다. 궁궐을 나설 때, 때로는 하인들을 데리고 가거나 때로는 작은 수레를 타고 나갔다. 말을 타고 나갈 때도 있었다. 그는 시내 어느 곳이든 마음대로 돌아다니며 놀았다.

때로는 수도를 벗어나 멀리 인근지방까지 가기도 했다. 그는 가는 곳마다 투계와 경마에 돈을 걸고 즐겼다.

당시 성제의 총애를 받던 장방(張放)이라는 시중관이 부평후(富平侯)라는 관작을 받았는데 성제는 길에서 누가 물으면 자기가 부평후 밑에서 일하는 하인이라고 자칭했다.

그렇게 말할 정도로 성제는 장방을 지극히 총애한 것이다.

13. 총닐비연 寵昵飛燕

한나라 성제가 조비연을 매우 총애하다.

한나라의 성제가 사복 차림으로 궁궐을 벗어나 다니다가 양아(陽阿)공주의 집에 이르렀다. 그곳에서 그는 노래와 춤이 탁월한 조비연(趙飛燕)을 보고는 매혹되어 그 여자를 궁궐로 불러들인 뒤 매우 총애했다.

조비연에게는 합덕(合德)이라는 동생이 있었는데 합덕도 역시 절세미인이었다. 성제는 그 합덕도 궁중으로 불러들인 뒤에 매우 총애했다.

그러한 현상을 지켜보던 피향전(披香殿)의 박사 요방성이 성제의 뒤를 따라가다가 혀를 차면서 혼잣말로 이렇게 비난했다.

"한나라의 왕가는 불의 힘을 입어서 천하를 다스리게 되었다. 그런데 저 미녀들의 미모는 물과 같다. 물은 불을 죽인다. 그러므로 한나라 왕가의 기운은 저 두 미녀에 의해 소멸하고 말 것이다."

얼마 후 두 자매는 드디어 성제의 면전에서 허황후를 모함했다. 허황후가 성제를 몰래 저주하고 있다는 모함이었다.

성제는 허황후를 폐위시키고 조비연을 황후로 삼았다. 한나라의 기강과 질서는 모두 무너져 내렸다.

후궁을 장악한 조비연 자매는 성제의 아이를 낳은 후궁들과 그 아이들을 모조리 죽여 버렸다. 성제는 기원전 7년 합덕의 침대에서 일어나 옷을 입다가 쓰러져 죽었다. 나이 45세였다.

14. 폐녕살현 嬖佞殺賢
간사한 소인을 총애하고 충신을 죽이다.

한나라의 성제는 죽을 때 아들이 없었다. 그래서 그의 조카 유흔(劉欣, 26-1 B.C.)이 19세의 나이에 등극하여 애제(哀帝)가 되었다.

그는 성제보다도 더 어리석고 한층 더 방탕했다. 나라의 모든 권력은 외척 집안이 좌우했다.

애제 때 동현(董賢)이라고 하는 환관은 뛰어난 미남에다가 몸이 매우 유연하여 황제의 극진한 총애를 받았다.

그래서 그는 황제와 함께 식사하고 잠자리도 같이 했다. 아무런 재능도 없이 간사하기만 한 그의 권세는 조정을 뒤흔들었다.

성제는 그에게 궁중의 어느 전각보다도 화려하고 거대한 저택을 지어주고 가장 좋은 보물로 가득 채워주었다. 심지어 나라의 무기고에 저장된 비밀무기조차 내주었다. 또한 자기 무덤으로 마련된 능묘 옆에 동현을 위한 능묘도 미리 짓도록 했다.

당시의 충신 정숭(鄭崇)이 간사한 소인을 멀리해야만 한다고 성제에게 간언했다.

그러나 성제는 간언을 받아들이기는커녕 오히려 격노하여 정숭을 감옥에 가두었다. 정숭은 한을 품은 채 감옥에서 죽었다.

황음무도한 애제가 26세에 죽자, 정권을 장악한 왕망(王莽)은 동현을 자살하게 만든 다음에 동현의 저택을 자신이 차지했다.

15. 십시난정 十侍亂政
열 명의 환관이 정치질서를 무너뜨리다.

후한(後漢)의 환제(桓帝, 132-167 A.D.)는 서기 146년 15세의 나이에 즉위했다.

그는 좌관(左悺), 패완(貝琓), 서황(徐璜), 당형(唐衡), 단초(單超) 등 자기가 총애하던 다섯 환관을 제후로 삼았다.

그리고 자기에게 비단 5천 필을 바친 후람(侯覽)에게는 고향후(高鄕侯)의 작위를 내렸다. 기타 하찮은 환관 여덟 명에게도 제후의 작위를 주었다.

좌관 등의 환관들은 조정의 모든 중요한 자리를 차지한 뒤 극도의 횡포를 부리고 권력을 휘두르면서 뇌물을 공공연하게 마구 받았다. 조정 안팎이 극심하게 흔들렸다.

당시에 천하에 유행하던 노래들이 있었다.

'좌회천(左回天)'은 좌관이 천자의 뜻을 변경시킬 수 있다고 말이고, '패독좌(貝獨坐)'는 패완의 권력에 감히 맞설 자가 없다는 뜻이며, '서와호(徐臥虎)'는 서황이 누워있는 호랑이처럼 무섭다는 말이고, '당양타(唐兩墮)'는 당형이 제멋대로 못된 짓을 서슴지 않는다는 말이다.

그들의 가문의 사람들은 지방의 주요 직책을 차지하고 횡포를 일삼아 도둑이나 다름이 없었다. 그들의 착취와 압제에 못이긴 백성들은 조정에 반항하고 도둑이 되었다.

환제에 뒤를 이은 영제(靈帝) 때 조절(曹節), 왕보(王甫), 조충(趙忠), 장양(張讓) 등 열 명의 환관들이 여전히 대권을 장악하고 농락하였으며 조정 안팎의 혼란이 극도에 이르렀다. 드디어 동탁(董卓)의 반란을 초래하여 한나라의 멸망의 원인이 되었다.

16. 서저육작 西邸鬻爵

궁궐 서쪽 정원의 저택에서 관직을 팔다.

후한의 영제(靈帝, 156-189 A.D.)는 서기 168년 13세의 나이에 즉위했다. 그는 궁궐 서쪽 정원에 저택을 신축한 뒤 그곳에서 관직을 공공연하게 팔았다. 봉록 2천 석인 고위 관직은 2천만 냥이고, 봉록 4백 석인 하위 관직은 4백 만 냥이었다. 관직은 일반상품처럼 흥정을 한 끝에 팔려 나갔다. 어떤 관리가 능력과 근무연한을 갖추어 당연히 받아야 할 관직의 경우에는 그 관직의 가격은 절반으로 할인이 되었다.

지방의 관직은 그곳이 풍요로운 곳인지 여부에 따라서 가격이 변동되었다. 돈이 많은 자는 먼저 돈을 내고 관직을 기다릴 수 있었고, 돈이 없는 자는 먼저 부임한 뒤에 가격을 두 배로 쳐서 상환할 수 있었다. 공경(公卿)의 관작도 매매가 되었는데 공(公)은 천만 냥, 경(卿)은 5백만 냥이었다.

관직을 매매한 돈은 서쪽 정원의 저택의 곳간에 들어갔다가 모두 환관들의 차지가 되었다.

17. 열사후궁 列肆後宮

후궁에 각종 상점을 짓게 하다.

후한의 영제는 나랏일은 전혀 돌보지 않은 채 후궁 안에 각종 상점들을 줄지어 짓게 했다. 그리고 수많은 궁녀들이 그곳에서 각종 물건을 팔도록 했다. 그들은 서로 남의 물건을 훔치고 싸우기 일쑤였다.

영제 자신은 장사꾼의 옷을 입고 상점 사이를 돌아다니기를 좋아했고 그곳에서 술을 마시며 놀았다.

18. 방림영건 芳林營建
궁궐 안 방림원에 흙으로 산을 만들다.

위(魏)나라의 명제(明帝, 205-239 A.D.)는 서기 226년에 즉위했다. 그는 거창한 토목공사를 좋아해서 즉위하자마자 대대적인 궁궐 신축에 착수했다.

그래서 허창궁(許昌宮)과 낙양궁을 지었다. 공사는 여러 해 동안 쉬지 않고 계속되었다. 진한(秦漢) 시대에 만들었던 종, 시렁, 구리 낙타, 구리 접시 등을 낙양에서 옮겨갔다.

그리고 어마어마하게 큰 구리 사람 두 개를 만들어 '옹중(翁仲)'이라고 부르고 그것들을 사마문 밖에 설치했다. 또한 거대한 황룡과 봉황도 주조하여 내전 앞에 설치했다.

그는 궁궐 안 방림원(芳林園)에 흙으로 쌓은 산을 만들었다.

그 공사가 빨리 끝나기를 바란 그는 공경대부들이 직접 흙을 날라서 공사를 도우라고 명령했다.

산이 완성되자 그는 각종 수목과 좋은 풀을 거기 심고 각종 짐승들을 잡아다가 방목하도록 했다.

고당륭(高堂隆), 위기(衛覬), 동심(董尋) 등이 그의 잘못을 지적하는 극진한 상소문을 올렸지만 그는 들은 척도 하지 않았다.

19. 양거유연 羊車游宴
양들이 끄는 수레를 타고 가서 주연을 즐기다.

위나라의 명제때부터 사마씨(司馬氏)가 대권을 대대로 장악하여 사마의(司馬懿), 사마사(司馬師), 사마소(司馬昭)를 거쳐 사마염(司馬炎)에 이르렀다. 사마염은 위나라 원제(元帝)로부터 양위를 받아 서진(西晋)을 세우고 무제(武帝, 재위 265-290 A.D.)가 되었다.

무제는 10여 년 동안 군비를 착실히 준비한 뒤 오나라를 멸망시켜 후한(後漢) 이래 분열되었던 중국을 다시 통일하였다. 그의 재위 25년 동안은 안정적 시기였고 이를 역사에서는 '태강(太康)의 번영'이라고 부른다.

그러나 그는 천하를 통일한 뒤 나라 일은 돌보지 않은 채 오로지 주색과 향락에만 몰두했다.

전국에서 미녀들을 선발하여 궁중을 가득 채웠는데 이 선발기간에는 백성들의 결혼을 금지했다. 그는 오나라 손호(孫晧)의 궁녀 가운데 5천여 명을 자기 궁궐에 옮겼다.

그리하여 그는 1만 명이 넘는 궁녀들을 거느리게 된 것이다.

또한 그는 양들이 끄는 수레를 탄 다음, 양들이 가는 대로 맡겨 두어 수레가 멈추는 곳의 궁녀와 주연을 즐기고 거기서 자고는 했다. 궁녀들은 그의 수레가 자기 집 문 앞에서 멈추게 하려

고 양들이 좋아하는 대나무 가지를 문 앞에 꽂는가 하면 술과 물이 든 항아리들을 놓아두었다.

공경대부 등의 고위관리들도 그를 따라 사치와 향락에 빠졌다. 그는 장인 양준(楊駿)에게 나라 일을 맡겼고 이어 양준의 두 동생도 요직을 차지한 결과 양씨 일가가 대권을 장악하고 말았다.

무제가 궁중에서 병으로 죽자 어리석고 나약한 그의 아들 사마충(司馬衷)이 혜제(惠帝)로 즉위했지만 이미 나라는 기울어질 대로 기울어진 뒤였다. 드디어 흉노족, 선비족, 갈족, 저족, 강족 등이 각각 독립하는 '오호(五胡)의 반란' 이 일어났다. 그리고 흉노족이 서진의 수도를 점령하고 혜제가 피살됨으로써 서진은 52년 만에 멸망하고 말았다.

20. 소조검덕 笑祖儉德
선조의 검소한 덕행을 조롱하다.

남송의 효무제(孝武帝, 재위 453-464 A.D.) 유준(劉駿)은 패가망신의 대표적인 인물이다. 그는 나라가 내우외환에 시달리고 백성들이 도탄에 빠져 신음하는데도 불구하고 나랏일은 돌보지 않은 채 거창한 토목공사를 일으켜 궁궐을 대대적으로 보수하는가 하면 화려한 궁궐들을 신축하고는 기둥을 모두 비단으로 감싸게 했다.

그는 조부 고조(高祖)가 살던 건물인 양실(陽室)을 헐어버리고 그 자리에 소위 옥촉전(玉燭殿)을 지으려고 했다. 양실에는 고조가 입던 옷 등이 보관되어 있었다.

그 건물을 헐기 전에 그는 신하들을 거느리고 가서 보았다. 그곳의 토벽에는 갈포 등롱이 걸려 있었고 삼베로 만든 파리 막는 망이 쳐 있었다. 그것을 본 대신 원의(袁顗)가 고조의 검소함을 칭송했다.

그러자 효무제는 비웃으면서 이렇게 대꾸했다.

"고조는 원래 농사를 짓다가 천자가 된 시골 노인이니까 저런 물건을 사용할 수가 있었소. 그건 이미 다 지나간 일이오. 어찌 오늘의 나와 비교할 수가 있겠소?"

그는 자기 조상이 검소하게 살면서 나라를 세운 일을 조롱한 것이다.

21. 금련포지 金蓮布地
황금으로 만든 연꽃들을 땅에 깔다.

　남제(南齊)의 마지막 왕인 소보권(蕭寶卷, 483-501 A.D.)은 주색에 빠지고 사치가 극심했다. 후궁들의 옷과 마차를 진기한 보석으로 장식하게 했다. 또한 가장 총애하는 여자 반비(潘妃)를 위해서는 황금으로 만든 연꽃들을 땅바닥에 붙이게 하고는 반비가 그 위를 밟고 걸어가게 만들었다.

　그러고는 반비가 걸어가는 모습을 바라보면서 이렇게 말했다.

　"걸음을 옮길 때마다 연꽃이 피어나는구나!"

　그의 총애를 받는 자들은 백성을 한없이 착취했다. 할당된 세금을 걷는다는 명목으로 열 배 이상을 쥐어짜고는 했던 것이다. 백성들은 극도로 곤궁해지고 통곡소리가 거리마다 넘쳐흘렀다.

　소보권은 재위 2년 만에 반란군과 내통한 간신들에게 피살되고 고제(高帝) 소도성(蕭道成)이 건국한 남제는 24년 만에 멸망했다.

22. 사신불사 捨身佛寺
승복을 입고 절에 몸을 의탁하다.

남제(南齊)를 멸망시킨 남양(南梁)의 무제(武帝)는 불교에 빠져서 스스로 동태사(同泰寺)에 가서 법회를 열었다. 그는 몸에 지닌 모든 재산을 절에 헌납하고 승복을 입은 채 다른 중들과 똑같이 절에서 생활했다. 사방에서 몰려든 중들과 신자들을 위해 그는 강단에 앉아 열반경을 설법하기도 했다.

모든 신하들이 그에게 몰려가 조정으로 돌아와 달라고 간청했다. 황제의 몸값으로 절에 십만 냥을 바쳤다. 신하들이 세 번 간청하자 그는 마지못해 조정으로 돌아갔다.

23. 종주망살 縱酒妄殺
술에 취한 뒤에 사람을 마구 죽이다.

진(晋)나라가 멸망한 이후 중국 북부에는 북위, 동위, 서위, 북제, 북주 등의 왕조가 이어졌다. 이 가운데 동위를 멸망시키고 북제(北齊)를 세운 것은 문선제(文宣帝) 고양(高洋, 529-559 A.D.)이었다. 그는 서기 550년에 황제로 즉위한 직후 한때는 현명한 신하들을 임명하고 법령을 정비하는 한편 균전제를 실시하고 장성을 개축하는 등 부국강병 정책을 실시했다.

그러나 그는 원래 잔악하고 음탕한 황제였다. 특히 술을 좋아해서 술에 취하기만 하면 직접 노래를 부르고 춤을 추면서 밤을 새우기 일쑤였다. 발가벗은 채 길거리를 돌아다니기도 했다.

술에 취한 그가 가장 즐기던 일은 자기 손으로 사람을 재미삼아 죽이는 짓이었다. 궁중의 뜰에 커다란 솥을 걸어놓고 수많은 사람을 삶아 죽였다.

무죄한 사람들이 살해당하는 것을 보다 못한 재상 양음(梁愔)은 사형수들을 궁중의 별실에 가두어 두었다가 그가 취한 뒤 사람을 죽이려 할 때 그 사형수들을 꺼내다가 바쳤다. 이러한 사형수들을 공어수(供御囚)라고 한다.

그는 불치병인 위장병에 걸려 음식을 제대로 먹을 수가 없었는데도 술을 계속해서 폭음하여 31세에 죽었다. 그의 재위는 약 10년이었다.

24. 화림종일 華林縱逸

화림원에서 방종과 쾌락에 빠지다.

북제(北齊)의 마지막 군주 고위(高緯, 557-578 A.D.)는 서기 565년 아홉 살에 즉위했다. 그는 포악, 음탕, 사치에 있어서 아버지를 능가하면 능가했지 못하지는 않았다.

선천적으로 우매한 그는 다른 사람과 말하기를 싫어하고 신하들을 만나기를 두려워했다.

그는 비파를 직접 타면서 노래 부르기를 좋아했고 애절한 그 곡조를 무수지곡(無愁之曲), 즉 슬픔을 모르는 노래라고 불렀다. 그래서 사람들은 그를 **무수천자**라고 불렀다.

또한 그는 화림원(華林園)에 소위 거지아이들의 마을을 설치하고는 스스로 초라한 차림을 한 채 걸식하는 척하는 놀이를 재미삼아 하고는 했다.

고위는 자기 동생과 함께 무고한 사람들을 잔인하게 죽이면서 즐겼다.

　　그들은 사람을 발가벗긴 다음 전갈이 가득 들어 있는 커다란
항아리에 넣어서 전갈에 물려 죽게 만들고는 손뼉을 치면서 춤
을 추었던 것이다.

　　북제를 멸망시킨 북주(北周)의 무제(武帝, 재위 560-578
A.D.)는 고위를 사로잡은 뒤 그의 입에 매운 후추를 가득 처넣
게 하여 죽여 버렸다.

25. 옥수신성 玉樹新聲
옥수후정화 등의 새로운 곡조를 지어 노래 부르다.

무제가 세운 남양(南梁)은 50여 년 만에 남진(南陳)의 진패선(陳覇先)에게 멸망되었는데 남진도 43년 뒤에 역시 우둔하고 무능한 군주 때문에 북부지방의 수나라에게 멸망하고 말았다.

남진의 마지막 군주인 진숙보(陳叔寶, 553-604 A.D.)는 서기 582년에 즉위하자마자 임춘(臨春), 결기(結綺), 망선(望仙) 등 높이가 수십 길이나 되는 대규모 전각들을 신축했다.
목재와 난간은 모두 백 년 넘은 향목들로 만들고 사방을 금은보화로 장식했다. 그의 옷과 그가 사용하는 기물들은 모두가 상상을 초월할 정도로 값비싸고 사치스러운 것이었다.

그는 날마다 주연을 베풀고 후궁들, 여자 학사들, 손님들을 불러 시를 지어 화답하도록 했다. 여자 학사란 궁녀들 가운데 글을 아는 여자들을 가리키고 손님들이란 그에게 아부하는 학자들을 가리키는 말이었다.

그들이 지은 시 가운데에서 가장 우수하다고 여겨 선발된 것
에는 새로운 곡조를 붙여서 궁녀 천여 명이 합창을 했다. 이러
한 곡조는 옥수후정화(玉樹後庭花), 임춘악(臨春樂) 등의 명칭
으로 불렸는데 그 내용은 대개 미모의 후궁들을 찬미하는 것이
었다.

그런 식으로 군주와 신하들이 밤새도록 술을 마시고 노래를
부르며 지냈던 것이다.

26. 전채위화 剪彩爲花

비단을 잘라서 꽃을 만들었다.

수나라 양제

수(隋)나라의 양제(煬帝, 재위 604-618 A.D.)는 먹고 마시고 노는 데에 탁월했고 극도의 사치도 부렸다.

그는 궁궐 안에 사방 2백 리에 달하는 서원(西苑)을 만들고 그 안에 폭이 60리 되는 호수를 판 다음에 호수 안에는 높이가 30미터가 넘는 방장(方丈), 봉래(蓬萊), 영주(瀛洲) 등 세 산을 쌓았다. 그리고 그들 산꼭대기에는 누대와 전각이 즐비하게 들어섰다.

호수 북쪽에 수로를 파서 물이 호수에 들어가도록 했으며 수로 좌우에는 16 동의 건물이 들어서고 각 건물에는 미녀들을 상주시켰다.

호화롭기 짝이 없는 건물마다 사시사철의 특색을 지니도록 하여 낙엽이 지면 비단을 잘라서 꽃과 잎을 만들어 나무에 붙이도록 했다. 호수의 물 위에도 비단으로 만든 연꽃, 부평초 등이 떠 있었다.

16동의 건물들은 저마다 황제의 총애를 차지하려고 사치와 호화로움의 경쟁을 벌였다.

수양제는 특히 달밤에 서원에 가서 놀기를 좋아했다. 그는 수천 명의 궁녀들을 거느린 채 말을 타고 서원에 갔고 악대는 청야유(淸夜游)라고 하는 곡조를 연주했다.

27. 유행강도 游行江都
배를 타고 강도에 놀러가다.

수나라의 양제는 6년에 걸쳐서 1억 5천만 명을 동원하여 2천 7백 킬로미터에 이르는 대운하를 완공했다.

그리고 서기 605년부터 세 번 운하를 타고 남쪽의 강도(江都, 현재 강소성 揚州市)에 순회했다.

그가 탄 배 용주(龍舟)는 매우 거대한 것이었다. 그 높이는 15미터, 폭은 17미터, 길이는 67미터였고, 4층 구조였다. 그 배의 2층에는 방이 120개나 되었다. 그의 배는 1천여 명의 남자들이 비단옷을 입은 채 밧줄로 끌었다.

그가 순회할 때 수천 척의 배가 뒤를 따라 꼬리를 문 함선은 2백여 리에 걸쳐서 뻗었고 그 모든 배를 밧줄로 끄는 인원은 8만여 명에 이르렀다. 운하 좌우에는 기병들이 배치되었고 운하 주위의 5백 리 이내의 지방에서는 음식과 각종 진기한 공물을 바쳤다.

그는 고구려와 세 번 싸워서 세 번 모두 패배한 결과 백 만 명의 인명 피해를 냈다. 이것이 수나라 멸망의 직접적 원인이 되었다.

그의 폭정에 못 이긴 농민들이 사방에서 봉기하자 그는 강도로 피신했다. 그러나 피신한 뒤에도 나랏일을 돌보지 않고 궁전을 신축하고 미녀들을 선발했다.

그래서 호위병들이 반란을 일으켜 그의 허리띠로 그를 목 졸라 죽이고 말았다.

28. 사봉제관 斜封除官
관직을 팔고 충직한 관리들을 죽이다.

당나라의 중종 이현(中宗 李顯, 656-710 A.D.)은 고종의 일곱 번째 아들이었다. 고종이 병으로 죽자 28세인 중종이 즉위했지만 그의 어머니인 **측천무후(則天武后, 재위 684-705 A.D.)**는 스스로 황제가 되어 중종을 폐위시킨 뒤 장안성에서 내쫓은 다음에 호북 일대에 연금했다.

서기 705년 측천무후가 병으로 죽자 중종이 다시 복위되었다. 그러나 주색에 빠진 그는 나라의 모든 권력을 황후 위씨(圍氏)에게 맡겼다.

황후는 자기 두 딸 안락(安樂)공주와 장녕(長寧)공주, 그리고 동생 성국부인 등과 작당하여 국가의 모든 권력을 장악하고는 매관매직과 축재를 자행했다.

그들은 중종이 복위하는데 결정적 공로를 세운 재상 장간지(張柬之)와 대장군 이다조(李多祚)마저 살해했다.

돼지를 잡고 술을 팔던 자라 해도 동전 30만 개를 바치면 정식으로 발행된 관직 임명장을 받을 수 있었다. 당시 사람들은 이렇게 매관한 자를 사봉관(斜封官)이라고 불렀다. 이렇게 관리가 된 자의 수가 일만 명에 이르렀다.

29. 관등시리 觀燈市裏
변장을 하고 시가지에서 등불 행렬을 구경하다.

당나라의 중종 말기 때, 중종은 정초에 황후 위씨와 함께 일
반 백성의 옷차림으로 변장을 한 뒤 궁궐을 빠져나가서 시가지
에서 등불 행렬을 구경하며 즐겼다.
그것은 매우 경솔한 짓이었다.

30. 총행번장 寵幸番將

변방의 오랑캐 출신 장수를 총애하다.

당나라의 현종(玄宗, 685-762 A.D)은 서기 712년에 즉위했다. 그는 변방 오랑캐 출신 장수인 안록산(安祿山)을 총애하여 범양절도사(范陽節度使)로 삼아 중요 지방의 정치, 경제, 군사 등의 대권을 주었다. 게다가 그에게 어사대부의 직위마저 추가해 주었다.

안록산은 몸이 매우 비대하여 그의 뱃살은 무릎을 덮을 지경이었다. 겉보기는 어리석고 우직한 듯했지만 속은 매우 간사하고 교활한 자였다.

어느 날 현종이 그의 배를 바라보며 웃으면서 물었다.

"그렇게 뚱뚱한 뱃속에는 무엇이 들어 있소?"

안록산이 대답했다.

"폐하께 대한 충성심 이외에는 아무
것도 들어 있지 않습니다."

현종은 몹시 기뻐하여 그가 내
전에 출입하는 것을 허락했다.
현종이 양귀비와 함께 앉아 있
을 때 안록산이 양귀비에게 먼
저 인사를 했다. 현종이 그 이
유를 묻자 그는 이렇게 대답했
다.

"오랑캐의 풍속으로는 아버지
보다 어머니에게 먼저 인사를 합니
다."

장구령 (678-740 A.D.)

그 말을 듣고 현종은 더욱 기뻐했다.

어느 날 현종이 모든 신하와 더불어 근정루(勤政樓)에서 주연
을 벌이고 있을 때 현종은 그에게 특별 좌석을 마련해 주어 각
별한 총애를 드러냈다.

재상 장구령(張九齡)이 그를 제거하라고 현종에게 충언했지
만 현종은 듣지 않고 오히려 안록산을 더욱 총애했다.

나중에 안록산이 반란을 일으켜 당나라가 결정적으로 쇠망의
길을 걷게 되었을 때 현종이 후회했지만 이미 늦었다.

20만 대군을 이끄는 안록산은 낙양과 장안을 점령했고 현종
은 사천 지방으로 피신했는데 양귀비는 도중에 피살되고 말았
다. 안록산도 서기 757년에 자기 아들에게 피살되었다.

31. 염재치비 斂財侈費
백성들의 재물을 착취하여 사치를 부리다.

당나라의 현종은 재위기간이 길어짐에 따라 날이 갈수록 사치가 더욱 심해졌다. 그 결과, 조정에서 사용하는 물자가 항상 부족한 상태에 이르렀다.

그것을 간파한 공물운반 책임자 위견(韋堅)과 세무 담당관리 왕홍(王鉷)이 경쟁적으로 백성들의 재물을 가혹하게 착취하여 조정에 바쳐서 현종의 환심을 사려고 했다.

어느 날 위견이 수백 척의 배를 이끌고 장안에 도착했다. 배마다 각지에서 모은 진귀한 산물이 가득했다. 비단 옷을 입고 어깨를 반쯤 드러낸 최성보(崔成甫)가 맨 앞쪽의 배에서 득보가(得寶歌)를 부르고 수백 명의 미녀들이 그 노래에 화답했다.

그 모습을 현종은 망춘루(望春樓)에서 내려다보면서 몹시 기뻐했다. 그래서 현종은 위견을 위해 연회를 베풀고 밤새도록 놀았다.

　왕홍은 매년 조정에 바치는 정액의 세금 이외에 돈과 비단을 산더미처럼 바쳐서 궁중의 창고에 쌓게 하였다.

　현종은 재물을 물같이 낭비하고 돈과 비단을 티끌처럼 여겼다. 그리하여 천하가 요동하고 불안에 떨게 되었다.

32. 편전격구 便殿擊毬
내전에서 환관들과 함께 공놀이 격구를 즐기다.

당나라의 경종(敬宗, 재위 824-826 A.D.)은 16세에 즉위한 이래 학문은 뒷전으로 돌린 채 노는 일에만 몰두했다. 그는 내전에서 환관 유극명(劉克明) 등과 공놀이 격구를 즐겼다. 그가 격구를 즐기는 동안에는 궁중의 악사들이 음악을 연주했다. 놀이가 끝나면 그는 악사들을 비롯하여 자기 주변에 있는 자들에게 돈을 마구 나누어 주었다.

또한 그는 힘센 장사들을 불러 모은 뒤에 밤낮으로 그들과 어울려 여우 사냥을 즐겼다. 아침에 국가의 긴급한 일이 있어도 대신들은 그가 어디에 있는지 찾을 수가 없었다.

그가 조정에 나아간 것은 한 달에 세 번도 되지 않았기 때문에 대신들도 그를 만나는 기회가 별로 없었다.

33. 총신영인 寵信伶人
배우들을 총애하고 그들의 말을 믿다.

후당(後唐)을 건국한 장종(莊宗) 이존욱(李存勗, 885-926 A.D.)은 서기 923년에 즉위했다. 그는 어려서부터 음악을 좋아했다. 그래서 궁중의 많은 악사들을 총애하여 항상 좌우에 거느렸다.

그는 때때로 스스로 배우로 분장하여 궁궐의 뜰에서 다른 배우들과 함께 공연을 하여 유부인(劉夫人)을 즐겁게 했다. 배우들은 그를 이천하(李天下)라고 불렀다.

후당 장종

배우들은 수시로 내전에 출입하면서 관리들을 조롱하고 모욕하는가 하면 모함도 일삼았다. 장종은 그들의 말을 믿고 노련한 장수들과 대신들을 의심하거나 멀리했다.

돌궐족 출신의 장수인 그는 양자강 이북의 대부분을 장악하고 낙양을 수도로 삼았다. 그러나 주색과 향락에 빠져 백성들이 극도로 신음하게 되었다.

드디어 반란이 일어났고 그가 직접 진압에 나섰지만 오히려 자기 자신이 피살되고 말았다.

환관들은 그가 평소에 좋아하던 악기들을 모아 그의 시체와 함께 불태워 버렸다.

34. 상청도회 上淸道會
궁중에 도교의 상청궁을 설치하고 법회를 열다.

북송(北宋)의 휘종(徽宗, 1082-
1135 A.D.)은 서기 1100년에 즉위했
다. 그는 도교를 숭상했다. 그는 궁궐
안의 한 전각을 도사 임영소(林靈素)
에게 내주고는 그 전각을 상청보록
(上淸寶錄)이라고 불렀다. 그리고 그
곳에 갈 때마다 천도회(千道會)를 열
고 3백 냥의 돈을 주었다.

북송 휘종

그는 일반 백성들도 궁중에 들어와
서 임영소의 도경 설법을 듣도록 했고 자기는 그 옆에 휘장을
친 채 설법을 들었다. 임도사는 높은 강단에 앉아 있었고 좌우
의 사람들이 그에게 가르침을 청했다.

임도사의 말은 새로운 내용이 전혀 없고 때로는 저속한 농담
따위나 늘어놓아 모든 사람이 폭소를 터뜨리고는 했다.

그곳에는 군주와 신하 사이의 예의도 없었다.

휘종은 모든 관리와 백성이 상청궁에 와서 도교의 가르침을 배우도록 했다. 도사들은 휘종을 공공연하게 **교주도군(敎主道君)** 황제라고 불렀다.

35. 응봉화석 應奉花石
진기한 암석들을 모아 바치다.

북송의 휘종은 정교한 공예품을 감상하기를 좋아했는데 특히 양자강 이남지방의 진기한 암석에 대한 애착심이 매우 강했다.

권력을 장악한 채경(蔡京)은 자기 심복부하 주충(朱冲)으로 하여금 절강성의 진기한 암석을 채집하여 휘종에게 바치도록 했다.

휘종은 그것들을 받고 매우 기뻐했다.

해를 거듭할수록 암석을 운반하는 배들이 운하에서 꼬리를 물었고 사람들은 수도 개봉에 이르는 그 수로를 화석망(花石網)이라고 불렀다.

휘종은 암석의 수집을 위해 소주(蘇州)에 관청을 설치하고 주충의 아들을 책임자로 임명했다.

주충의 아들의 횡포
는 극심했다.

그의 부하들은 산과
연못을 마구 파헤쳤을
뿐만 아니라 민간에서
수집 감상하던 것들마
저도 마구잡이로 빼앗
았다.

그리고 많은 사람들
이 과중한 부담에 못
이겨 파산하거나 심지
어는 자식을 팔아서 비
용을 부담했다.

36. 임용육적 任用六賊
여섯 명의 간신들을 중용하다.

북송의 휘종때 한동안은 세월이 편안하고 국고에 재물이 넉넉했다. 당시 재상 채경(蔡京)이 휘종에게 이렇게 말했다.

"현재 천하가 태평하니 태평성대의 즐거움을 누리셔야만 합니다."

그래서 휘종은 언제나 성대한 주연을 베풀었다. 어느 날 옥으로 만든 술잔을 들고 말했다.

"이것은 지나치게 사치스럽지 않습니까?"

채경이 대답했다.

"폐하께서는 천하를 장악하고 계시니 작은 옥그릇 따위는 신경 쓰실 필요도 없습니다."

"나의 조상은 작은 전각을 지었을 때에도 많은 반대 여론이 있지 않았습니까?"

"폐하께서 옳다고 보시는 대로 하면 되지 다른 사람들의 의견은 두려워할 것도 없으십니다."

그 이후 휘종은 날이 갈수록 더욱 사치에 몰두했다. 동시에 충언이나 간언에는 귀를 기울이지 않았다. 채경은 백성들을 착취하고 대대적인 토목공사를 일으켰으며 별궁도 신축했다. 백성의 원성이 자자했지만 채경은 휘종의 신임을 더욱더 받았다.

사람들은 휘종의 총애를 받으며 나라를 망친 채경 등 여섯 신하를 육적, 즉 여섯 명의 역적이라고 불렀다.

서기 1125년에 금(金)나라의 군대가 송나라의 수도 개봉을 점령하자 휘종은 포로가 되고 북송은 멸망하고 말았다. 그는 북만주의 오국성(五國城)에 유배를 가서 10년 후 거기서 죽었다.

제2부 해설

앞에 열거한 나쁜 왕들의 이야기들은 통치자가 경계해야 할 서른 여섯가지 고사들이다. 옛날부터 군주들이 과거의 잘못을 답습하여 멸망에 이르는 길은 대개 이와 같은 것이다.

"앞에 가던 사람이 넘어지면 뒤에 오는 사람이 그것을 거울로 삼는다."고 하는 속담이 있다. 그러나 세상의 못난 군주들은 모두가 앞 사람의 잘못을 계속해서 저지르며 자기 잘못을 고치지 않는다. 그들이 우둔하여 자기 잘못을 고치지 않는 것은 조금도 이상한 일이 아니다.

진(晉)나라의 무제, 당나라의 현종, 후당의 장종(莊宗)에 이르는 역대 군주들은 원래 모두가 탁월한 능력을 지닌 인물이었다. 그들은 자기보다 앞선 왕조가 멸망하는 재난을 직접 목격했고 수많은 난관을 몸소 체험했으며 많은 전투를 거쳐서 천하를 쟁취했다. 그러나 뜻을 이룬 뒤에 오만해지고 향락에 몰두하자 철저히 패망하여 다시는 일어설 수가 없었다. 그들보다 재주가 열등한 군주들이 나라를 지킨 것과 비교도 안 되는 것이다.

서경에는 이렇게 기록되어 있다.

"성인도 선행에 힘쓰지 않으면 미치광이가 된다."

이것이 성공과 실패, 또는 득실의 갈림길이니 참으로 무서운 것이 아닌가!

우리는 태조의 실록을 열심히 읽었고 과거에 왕의 총애를 받
던 여자들, 환관들, 외척들, 권신들, 지방수령들, 오랑캐들이 일
으킨 전란 등에 관해서 대신과 논의했다.

대신은 이렇게 말했다.

"왕조 말기에 이르러 천하를 잃은 군주는 언제나 그러한 원
인들 때문에 그렇게 되었다."

태조는 이렇게 말했다.

"나는 과거의 일을 깊이 연구한 결과 언제나 경계하여 재난
을 방지하는 데는 방법이 있다는 것을 알았다.

만일 군주가 주색에 빠지지 않고, 궁중의 금지사항을 엄격하
게 유지하며, 귀천의 구별을 분명히 하고, 법을 함부로 어겨서
은총을 베풀지 않는다면, 군주의 총애를 받는 여자들 때문에 어
찌 재난이 발생할 수 있겠는가?

만일 군주가 상을 후하게 주고, 관직의 임면을 신하에게 위임
하지 않으며, 법령과 제도에 관한 일을 법에 따라 공정하게 처
리한다면, 외척 때문에 일어나는 재난이 어떻게 발생할 수 있겠
는가?

만일 군주가 환관들과 측근들에게 심부름만 시킬 뿐 그들에
게 군사권을 맡기지 않는다면, 환관들 때문에 일어나는 재난은
발생할 수 없다.

만일 군주가 승상을 임명하지 않고 행정권을 육부에 나누어

주며, 아래위가 서로 연결되어 크고 작은 일을 상호견제하게 하며, 그들이 군주의 눈과 귀를 막게 하지 못하게 하고, 군주의 총애를 잃을까 항상 염려하게 만든다면, 권신 때문에 일어나는 재난은 발생하지도 못할 것이다.

지방정부의 설치는 백성을 보호하기 위한 것이다. 그곳의 재정수입을 전부 중앙정부의 국고에 귀속시키고, 군대를 중앙에서 파견하며, 군사들을 반드시 병적부와 일치시킨다면, 지방장관들의 발호가 어찌 가능하겠는가?

국경의 방어를 철저히 하고, 외침의 경우에는 적극적으로 방어하고 적이 멀리 달아나면 굳이 추격하지 않는다면, 오랑캐 때문에 일어나는 변란도 없어질 것이다."

이것은 참으로 심오한 탁견이며 참으로 멀리 내다보는 계책이 아닌가! 자손대대로 마땅히 준수하고 절대로 버려서는 안 되는 것이 아닌가!

이것은 근본을 바르게 하고 몸과 마음을 수양하며, 분쟁의 싹이 트기 전에 아직 형체가 드러나지 않은 것을 없애버리는 것이다. 이러한 방법들은 이미 보훈(寶訓)을 비롯한 과거의 모든 책에 기재되어 있다.

현명하신 군주께서 이 모든 것에 유의해 주신다면 우리에게 그보다 더 기쁜 일은 없을 것이다!

종합 후기

은나라의 현명한 신하 이윤(伊尹)이 왕에게 이렇게 말했다.

"덕정을 베풀면 평안해지지만 그렇지 않은 경우에는 전란이 발생합니다. 나라를 다스리는 데에 있어서도 이와 같아서 흥성하지 못하는 경우도 없고 멸망하지 않는 경우도 없습니다."

당나라 태종은 이렇게 말했다.

"구리로 거울을 만들면 옷차림을 단정하게 할 수 있다. 과거의 일을 거울로 삼으면 국가의 흥망을 알 수가 있다."

우리는 앞에서 이미 난리를 평정하는 일과 흥망의 자취들을 살펴보았고 그래서 모든 일은 그 원인이 같은 것임을 알았다.

다시 말하면, 천하가 잘 다스려지는 기본원리는 하늘을 공경하고 조상을 섬기며, 충언에 귀를 기울이고 간언을 받아들이며, 물자를 절약하고 백성을 사랑하며, 현명한 신하들을 가까이 하고 간사한 소인들을 멀리하며, 언제나 염려하고 경계하는 것이다.

반면에 혼란을 초래하는 근본원인은 하늘과 땅의 도리를 두려워하지 않고 조상을 섬기지 않으며, 간언을 받아들이지 않은 채 잘못을 반복하며, 너무 가혹하게 백성을 착취하며, 간사한 소인들을 가까이하고 현명한 신하들을 멀리하며, 나태함과 주색에 빠지는 것이다.

천하가 잘 다스려지는 기본원리를 따를 때에는 비록 남의 힘

을 전혀 빌리지 않는다 해도 반드시 흥성할 것이다. 반면에 혼란을 초래하는 근본원인을 따를 때에는 비록 조상의 모든 업적과 국가 흥성의 운수에 의지한다 해도 반드시 멸망하고야 말 것이다.

그것은 마치 향초를 몸에 지닌 사람은 반드시 향기를 풍기게 마련이고 독이 든 술을 마시는 자는 죽고 마는 것과도 같다.

따라서 군주는 나라가 오랫동안 평안히 다스려지고 난리가 없는 상태를 추구해야만 한다는 것을 알 수 있다. 그 방법은 다른 것이 아니라 옛사람들이 이미 밟은 역사의 전철을 살펴보고 자기 자신을 깊이 반성하는 것이다.

그러면 통치의 득실의 결과가 스스로 밝혀질 것이기 때문이다.

우리 황제께서는 천부적으로 영명하시고 빛나는 지위를 계승하셨다. 언제나 독서를 하시고 공부하는 일에 피로를 모르신다. 은나라의 고종처럼 언제나 학습을 잊지 않고 부지런히 공부하신다. 모든 일에 관하여 깊이 연구하시고 나라를 다스리는 원리를 추구하시며 주나라의 성왕을 능가하실 정도다. 이것은 천하의 모든 백성이 태평천하를 바라도록 하는 것이 아니겠는가?

조정에서 관리로 일하는 우리는 학문의 깊이가 얕고 하루 종일 전전긍긍하면서 통치와 신하의 도리를 궁리하지만 좋은 방법은 하나도 찾아내지 못한다. 내 생각에는 누구나 자신의 견문을 넓히려고 하는 사람은 반드시 과거 역사의 사례들을 반드시 귀감으로 삼아야만 한다고 본다. 그런데 역사가들의 유파를 살펴보자면 백 가지, 천 가지가 넘어서 학자가 백발이 될 때까지 연구해도 그것을 모두 연구하기란 불가능하다.

더욱이 날마다 처리해야 할 일이 태산같이 많은 군주의 경우에는 그러한 자료를 모두 읽어보기란 불가능하다. 따라서 경서를 강독하는 대신 마자강(馬自强) 등으로 하여금 대략 이윤이 한 말을 본받아 역사의 사례들을 고찰하게 한 것이다.

요순의 경우를 제외하면 그 이전의 일은 너무 아득하고 기록이 자세하지 못하여 여기 감히 수록하지 못했다. 결국 요순 이후에 모범으로 삼을 만한 선행은 81가지가 되고 경계할 타산지석으로 삼을 악행은 36가지가 된다. 선행은 광명에 속하여 상서로운 것이기 때문에 구구는 팔십일이라는 양(陽)의 숫자를 적용했고, 악행은 암흑에 속하여 불길하기 때문에 육육은 삼십육이라는 음(陰)의 숫자를 적용했다.

각 고사마다 그것에 해당하는 그림을 넣었고 그 뒤에 과거 문헌의 기록을 발췌해서 첨가한 다음 해설을 붙였다. 그리고 제1부와 제2부의 끝마다 각각 해설을 붙였다.

책의 제목은 당나라의 태종이 과거의 역사를 거울로 삼아야만 한다고 한 말을 본 따서 역대 제감도설(歷代 帝鑑圖說)이라고 했다.

예전에 반백(班伯)이 병풍의 그림을 가리켜 한나라의 성제에게 간언하면서 경계를 촉구하는 뜻을 전했다. 그리고 당나라 장구령(張九齡)의 〈천추금감록 千秋金鑑錄〉은 은유와 풍자의 내용을 전한다. 이제 우리가 편찬한 이 책은 선행과 악행을 나란히 열거하여 선도와 경계의 의도를 한층 더 명백히 밝히는 것이다. 이것은 마치 향기로운 풀과 악취가 나는 풀을 따로따로 놓으면 악취가 더욱 두드러지는 것과도 같다. 맑은 거울과 청명한 하늘은 더러운 사물에 대비되어 더욱 뚜렷하게 보이는 법이다.

또한 사람들의 시선을 끌어 경각심을 일으키고 생동감을 주며 이해하기 쉽게 하기 위해 삽화들을 같이 게재한 것이다. 이것이 불과 백여 점에 불과하기는 하지만 수천 년에 걸친 통치와 혼란의 근원을 거의 전부 설명해주는 것이다.